揭秘世界财富

比尔·盖茨

格局有多大　世界就有多大

启 文 编著

山东画报出版社

图书在版编目（CIP）数据

比尔·盖茨 格局有多大 世界就有多大/启文编
著.-- 济南：山东画报出版社，2020.6
（揭秘世界财富）
ISBN 978-7-5474-3512-0

Ⅰ.①比… Ⅱ.①启… Ⅲ.①盖茨（Gates, Bill
1955-）—电子计算机工业—工业企业管理—经验 Ⅳ.
① F471.266

中国版本图书馆 CIP 数据核字（2020）第 093259 号

比尔·盖茨：格局有多大 世界就有多大
BI'ER GAICI：GEJU YOU DUODA SHIJIE JIU YOU DUODA
（揭秘世界财富）
（JIEMI SHIJIE CAIFU）
启 文 编著

责任编辑 张桐欣
装帧设计 青蓝工作室

主管单位 山东出版传媒股份有限公司
出版发行 山东画报出版社
　　社　　址　济南市市中区英雄山路 189 号 B 座　邮编 250002
　　电　　话　总编室（0531）82098472
　　　　　　　市场部（0531）82098479　82098476（传真）
　　网　　址　http://www.hbcbs.com.cn
　　电子信箱　hbcb@sdpress.com.cn
印　　刷 北京一鑫印务有限责任公司
规　　格 870 毫米 ×1220 毫米　1/32
　　　　　　6 印张　152 千字
版　　次 2020 年 6 月第 1 版
印　　次 2020 年 6 月第 1 次印刷
书　　号 ISBN 978-7-5474-3512-0
定　　价 178.80 元（全 6 册）

前　言

　　他是一个电脑神童，13岁开始编程，20岁开始领导微软；他是一个商业奇才，孩子般的微笑背后隐藏着难以捉摸的独到眼光，他的经营智慧让微软名噪天下；他的财富更是一个不折不扣的神话，31岁成为有史以来最年轻的亿万富翁，39岁成为世界首富。他就是这个时代的传奇人物——比尔·盖茨。

　　1977年，大学四年级刚上完一半的比尔·盖茨毅然选择退学，离开哈佛，全身心投入到和保罗·艾伦一起创建的微软公司。

　　比尔·盖茨利用自己的远见卓识和精明的商业头脑打垮了竞争对手，最终把软件做成了人们生活中不可或缺的东西，成就了今日的微软帝国。作为微软的创始人和领航人物，他懂得在瞬息万变的复杂环境中利用一些商机，战略上的忧患意识又让他永远不满足现有的成就，目光总是盯着广阔的未来领域。

　　2008年6月27日，这位"坐在世界之巅的人"宣布正式退休，并把自己的财产全部捐给比尔及梅琳达·盖茨基金会。这或许对微软来说意味着一个时代的结束，但对世界却意味着多了一个身家 580 亿美元的全职慈善家。他在接受采访时，曾说过一句意味深长的话："千金散去，心有满足。"这句话很好地诠释了比尔·盖茨的心境，也深深触动了无数人的心。

2014 年 9 月 10 日，比尔及梅琳达·盖茨基金会承诺，将为帮助西非国家抗击埃博拉疫情捐款 5000 万美元。该基金会承诺并表示，这笔款项将交给联合国和其他致力于在西非国家控制该疫情的国际机构，以确保他们能够及时采购医疗用品，提高受影响国家对突发事件的应急响应能力。基金会还表示，它将为积极研发埃博拉病毒疫苗、治疗方法和技术的公立医院和上市医疗公司提供资助。

2019 年 3 月 5 日，福布斯发布第 33 期年度全球亿万富豪榜，列出了全球最富有的人士。比尔·盖茨是曾经占据榜首时间最长的富豪，这次他依旧排名第 2 位，财富为 965 亿美元。

比尔·盖茨到底是一个怎样的人？他有过怎样的经历？他是如何做到用自己的行动改变世界的？他又为何在最辉煌的时候抽身而退，投身慈善事业？相信这些答案都可以在本书中找寻到。

目　录

第一章
比尔·盖茨的成长之路

小时候的比尔·盖茨做什么事都很投入，他的朋友爱德蒙德回忆说："不管比尔·盖茨做什么事，他都要弄它个登峰造极，不到极致，他绝不甘心。不管他做什么，他都要比别人做得更好，要达到最好。"

天才的诞生

电脑神童呱呱坠地

位于美国西北角太平洋黄金海岸线的西雅图，常年被青山绿水环绕，是一座美丽的城市，有着"绿宝石城"的美誉。许许多多的冒险家来到这里创造未来，这里也产生了无数神奇的故事，最有名的当属早已扬名世界的喷气式飞机制造商"波音"公司，人们也把西雅图称为"波音城"。西雅图和旧金山、洛杉矶并列为美国西海岸的三大门户。西雅图是冒险家的乐园，传奇的故事还在继续上演。

1955 年 10 月 28 日晚上刚过 9 点，随着一声响亮的啼哭，一个男婴降临在西雅图市"瑞典人医院"里，这个男婴就是后来成为全球首富的比尔·盖茨。

比尔·盖茨的真名叫威廉·亨利·盖茨第三，比尔·盖茨的父母给他取了一个"老三"的爱称。不过，外婆喜欢叫这个孩子为"小比尔"，后来大家也就习惯地称他为"比尔·盖茨"。比尔·盖茨从小就活泼可爱，是个聪明又快乐的孩子，邻居们都很喜欢他。

家族背景

比尔·盖茨的父亲威廉·亨利·盖茨是个进取心很强，有着远大抱负的律师。他曾经当过海军中尉，退役后在华盛顿大学学习法律，毕业后成了一名助理辩护律师，并与在大学里就相识的后来成为教师的玛丽·马克斯韦尔结婚。

玛丽·马克斯韦尔出生于西雅图市一个名门世家。她的祖父创建了美国城市银行，这家银行后来发展成为全美的知名银行。玛丽的父亲詹姆斯·威拉德·马克斯韦尔大学毕业后，就在父亲的银行里做信差。他喜欢交际，喜欢参加各种社团活动，后来，他成了美国九大银行之一的太平洋银行的副总裁，是位声名赫赫的大银行家。玛丽的祖父给儿女们留下了巨大的财富，但是这个家族却鄙视穷奢极欲的生活方式，不喜欢炫耀财富或者地位。这个家族的后代们也都遵循先辈留下来的优良传统，过着简朴的生活，崇尚良好的教育。当然，这个优良的传统也被玛丽继承下来。

盖茨一家像其他普通家庭一样过着其乐融融的生活，彼此相处十分和睦融洽。比尔·盖茨的父亲稳重老成，待人诚恳，在法律界口碑极好。他做过华盛顿州律师协会主席，还出任过全美律师联合会委员会主席。而母亲玛丽则"一直是这个家庭的中心人物和驱动力"。她性格温和、举止典雅，处事果断利索。盖茨出生后，她就不再去学校教书了，而是留在家里照顾孩子。不过，她依然对社会工作怀有极大的兴趣，在西雅图历史和发展博物馆担任了义务讲解员，常去各地学校为学生们讲解本地的文化和历史。同在教育界一样，她在社交界也享有极高的声誉。

盖茨的家庭充满活力。盖茨父亲曾回忆说："我们一家都喜欢运动。星期六我们举行网球邀请赛，而星期天则是家庭奥运会，有各种各样的项目。"这样的家庭生活深深影响了盖茨，以至于后来微软成功后，盖茨为他的家人建了一个专门的度假营，用于和父母重温旧日时光，只不过游戏的规模扩大了，一些朋友和微软的职工也加入了进来。

也许是受家族基因的影响，盖茨从小就好动，是一个高能量的孩子。据说在婴儿时期，比尔·盖茨就喜欢在摇篮里有节奏地晃动，长大些后，又在弹簧木马上找到了晃动的快乐。后来，他把这种摇晃的习惯带入了成年时期，甚至传染给了微软公司的成员。

微软公司的经理们在开会时，一大群人坐在靠椅上一边讨论，一边和总裁一起摇摇晃晃，这一度成为微软公司特有的景观。这种看似怪诞异常的行为，恰恰体现了比尔·盖茨与众不同的个性。在这摇摇晃晃中，比尔·盖茨摇动了整个世界，摇出了微软的神话。

不同寻常的童年

酷爱阅读和游戏

盖茨从小就酷爱读书，对未知世界充满了好奇。这也许是受了外婆的影响，盖茨的外婆小时候经常给他念书，和他一起打牌和玩游戏。盖茨的家人回忆说，每逢星期天，晚饭后全家人会聚在一起玩游戏，下棋、填字游戏和打扑克牌，一玩就是几个小时。游戏往往很严肃，因为关系到谁输谁赢，大家竞争得很激烈，而小比尔这时就表现得很争强好胜，因为他不喜欢输。

当小比尔只有三四岁的时候，母亲成了社区工作的志愿服务人员，在西雅图历史和发展博物馆当讲解员。由于家里没有请保姆，所以母亲外出经常把小比尔带在身边。当她在学校向学生们讲解西雅图历史和博物馆的情况时，盖茨总是坐在全班最前面的桌子旁边，尽管盖茨是一个非常好动的孩子，可是在这个时候却显得异常专注。当母亲讲解时，他总是目不转睛地盯着母亲，俨然一个天才的小学童。母亲为此非常自豪，对小比尔多有夸赞。早期的启蒙教育培养了比尔·盖茨热爱阅读的习惯，这一习惯也伴随了他的一生，为他以后以观念制胜的事业打下了牢固的基础。

盖茨全家喜欢在餐桌上展开讨论，话题总是围绕大家感兴趣的各种问题，其中主要是各自的活动和感受。后来，孩子们长大了，也常常谈论有关他们今后工作的事情。比尔·盖茨回忆说："我家的生活非常丰富多彩，我们可以在家中学到很多东西。大家喜欢的事情是读书、聊天和做各种游戏。"

正是受这种家庭氛围的影响，小时候的比尔·盖茨尽管是个儿童，但是不喜欢连环画、卡通画之类的儿童读物，而喜欢阅读成人作品。

除了在学校的时间，他的大部分时间是在父亲的书房里度过的。父亲的这些藏书开启了小比尔的智慧之门，在这些图书中，小比尔尤为喜欢翻看的是那套《世界图书百科全书》。他经常几个小时连续阅读这本几乎有他体重三分之一重的大书，还经常问一些稀奇古怪的问题，让大人们不知如何回答。也许是被书中的奇妙世界吸引了，小比尔经常抱着书陷入沉思。冥冥之中他感觉到，小小的文字能记录古人和世界各地无数有趣的历史，又能传播出去，但是人类的历史不断向前，那么百科全书不就越来越笨重了吗？有没有一种好的方法，造出一个魔盒来，只要小小的一个盒子，就能把百科全书里的东西都收进去，那该多方便。后来这个奇妙的思想火花竟然被比尔·盖茨实现了，不仅如此，他还将文本和图片同声音和动画结合起来。一张装有 Encarta 软件的小小光盘，第一版就收有 2.6 万个词条、900 万字的文字，还包含总共 8 个小时的声音、1000 幅照片、800 幅地图、100 多张动画和视频录像、250 张图表和表格。把这张光盘放进一台多媒体的家用电脑，就可以图文并茂地享用这部当年小比尔爱不释手的百科全书了。

除了阅读百科全书，小比尔还喜欢阅读历史名人传记，法律和商贸方面的书也有所涉猎。为了满足孩子阅读的愿望，老盖茨经常买回各种书籍，小比尔高兴极了，他在自己的房间建立了一个小书库，把书分门别类地放好，还编上了序号，在书架最醒目的位置，贴上了一张写有"比尔·盖茨藏书库"的字条。

对知识的渴求，使小比尔对阅读达到了废寝忘食的程度。他家附近的一个图书馆举行夏季阅读竞赛，小比尔报名参加，并得了第一，这也是众多第一里的第一个"第一名"。

大量的阅读不仅使他在数学和自然科学方面的知识在同龄人中遥遥领先，也培养了小比尔思考的能力。

据盖茨的母亲回忆，她的儿子总是在思考，"当我们要去什么地方的时候，他总是没有准备好。要是我们催促他'你在干什么呢'，他就回答'我在思考'。"小比尔还反问父母："你们难道从来就不思考吗？""我们都不知道该怎么回答才好。"老比尔补充道，"我们不敢肯定，我们是否思考过。"

有个性的小学生

童年的比尔·盖茨虽然喜欢游戏，但是对于孩子们聚在一起的游戏不感兴趣，只愿意一个人干自己喜欢的事情。

盖茨很小就表现出了与众不同的个性。他很要强，办事执着，任何事情只要认准了就要做到最好，而且一定要胜过别人。在各种比赛和竞争中，有着强烈的出人头地的愿望。当年他的一个同学回忆道："他很讨人厌，总是很自信，特别好斗，而且聪明得可怕。人们都觉得他日后有可能获得诺贝尔奖，但他一点儿也不懂礼貌。"

可是，小比尔依然我行我素，完全不受环境和舆论的左右。就如他四年级时对同学卡尔·爱德说过的话一样："与其做一棵草坪里的小草，还不如成为一株耸立于秃丘上的橡树。作为小草千篇一律，毫无个性，而橡树则高大挺拔，昂首苍穹。"小小的年纪就有如此气魄，着实让人钦佩。

有着事事要强个性的比尔·盖茨在完成老师布置的作业方面也很出色。在他上小学四年级的时候，老师布置了一篇关于人体特殊作用的作文，作文要求每个学生要完成四五页的篇幅。这下盖茨平时积累的百科全书知识可派上用场了，为了让自己对人体了解得更全面，他还想到了查阅爸爸书房里的有关医学、生理、心理方面的书籍。借助这些书籍，他一口气完成了一份长达30多页篇幅的作业。这令老师和同学都感到十分惊讶！

比尔·盖茨还坚持写日记，随时记下自己的感受。他在一篇日记中写道："也许，人的生命是一场正在焚烧的'火灾'。一个人所能去做的，也必须去做的，就是竭尽全力要从这场'火灾'中去抢救点儿什么东西出来。"这种"追赶生命"的时间观念和对生命的思考，在那个年龄段的孩子中是极为少见的。

虽然比尔·盖茨在一些方面都表现得比同龄人出色和优异，但这样一个天才少年，在四年级的时候差点面临降级的风险。

前面说过，比尔·盖茨从婴儿时期就喜欢摇晃，而这种习惯也被他带到了小学课堂，他的一位叫罗勃的老师对比尔·盖茨的母亲控诉了他如下的罪状：在课堂上总是坐不住，身体老是晃个不停；这么好动的孩子，到了下课时间，反而又懒得出去和其他同学玩耍，只是安安静静地坐在自己的座位上看书……

母亲听了老师的控诉后，一再跟老师解释，比尔·盖茨绝对不是一个坏孩子，也绝不是存心跟老师捣乱，他只是有时候表现得有些散漫。但是罗勃老师反复强调，"秩序是一切的基础"，并不断列举小比尔的其他罪状……

不久，父母决定让比尔·盖茨转班。

虽然这样，比尔·盖茨还是一直不太适应学校生活。父母也常常提醒比尔·盖茨，任何团队都有自己的规范，他不能太任性，要学会和其他孩子一样遵守纪律。比尔·盖茨对这些道理都懂，但是照他的说法，他就是"管不住自己"。他总是在想老师课堂上讲的一些事情的时候，身体就不知不觉摇晃起来了。

比尔·盖茨的父母开始认真考虑要不要比尔·盖茨降级一年。为此，当时学校的校长还特别邀请了比尔·盖茨的新班导海瑟·卡尔森女士和比尔·盖茨的爸爸妈妈一起讨论。

比尔·盖茨的父母和卡尔森女士阐述了他们的想法，他们认为小比尔似乎跟不上现在的班级。但是出乎比尔·盖茨父母的意料，卡尔森女士并不这么认为，她觉得小比尔不是跟不上，只是太特别了，他有时候不写作业，可能是因为作业太无聊了；他表面上看似散漫，精神不能集中，其实他的计算和阅读能力远远高出同龄的孩子。比尔·盖茨的父母听到卡尔森女士如此说，感到很诧异，接着卡尔森女士为了佐证自己的话，举了一个小例子。

有一次，卡尔森老师要班上的同学阅读一本有关人体器官的书，这本书一共 14 页，才一会儿工夫，卡尔森老师就看到比尔·盖茨把书本合了起来，又开始在椅子上摇晃，而这时其他同学才看了一两页。卡尔森老师回忆，当时小比尔不仅看得快，而且还准确地说出了书中的许多内容。

卡尔森老师认为，比尔·盖茨似乎只愿意做他感兴趣的事。像"公民与道德"这样的课程，比尔·盖茨之所以成绩差，是因为他不感兴趣，或者他认为太简单了。比尔·盖茨的智商很高，是一个相当聪明的孩子。或许是因为他的聪明，才让他显得与众不同。

校长也阐述了自己的看法，他感觉比尔·盖茨非常有个性，头脑灵活，思维异常敏捷。在一次全校学生的地理测验中，由于试题难度比较大，许多高年级的同学都被难住了，比尔·盖茨却只错了一个答案。

听了卡尔森老师和校长的耐心解释，比尔·盖茨的父母才打消了让比尔·盖茨降级的念头。

在体育和社会活动方面表现出色

比尔·盖茨对团队合作形式的体育运动不感兴趣，他试过玩棒球，但是对他来讲那种运动的节奏太慢了。他觉得溜旱冰、打网球或者滑冰、滑雪这类天马行空的活动比较带劲。

比尔·盖茨家所在的西雅图一带，是户外活动爱好者的乐园。这里的天气总是阴雨绵绵的，正如有人开玩笑描绘的一样："西雅图一年至少有 200 个令人激赏的晴天，100 个不碍事的阴天，再加上 65 个让湖水更蓝、让森林更绿的阴天！"正因为西雅图独特的地貌，让它成为户外活动者的天堂，你可以在包围市区的蓝蓝海湾里航行，也可以在风景如画的车道上骑单车，或是到距离市区不远的山上攀岩、滑雪或登山健行。

小时候的比尔·盖茨就非常热衷于户外活动。有一次暑假，学校利用假期举行了一次为期一周的 50 英里徒步行军。许多同学的父母担心自己的孩子被累坏，不让孩子参加这次活动，但比尔·盖茨的父母鼓励他积极参加。

父母认为，比尔·盖茨只有多参加活动才能有更多的机会和其他同学接触，从中学到与人相处的经验，在活动中得到各种锻炼。

学校为了锻炼孩子们，所选择的道路多比较崎岖难走，即便这样，最初的行程还是比较快乐的，但欢声笑语并没有持续多久，很快太阳就升高了，空气炽热起来，很多孩子开始掉队。小比尔的鞋是一双崭新的高筒靴，不太合脚，走起路来磨脚磨得厉害。开始，小比尔并没有在意，随着路程的延长，脚也越来越疼，很快脚跟就磨出了拇指大小的水泡，他不得不慢下来，一瘸一拐地走着。有的路段布满了大小不一的石块和小石子，脚踩上去生疼，但是这点儿疼痛并没有让小比尔停下脚步，他把手帕撕成两半，缠好两只脚后，继续一声不响地咬紧牙关向前走。

第二天，小比尔的脚开始红肿和流血，可他仍不顾同伴们的劝阻，让随队医生简单包扎后，又继续上路了。等到了一个中途检查站的时候，他的脚已经开始发炎，可没有人能使他放弃。最后，老师只好打电话请他的母亲过来，母亲好说歹说才将他带回西雅图。

小比尔看到母亲后，并没有向母亲抱怨路途的艰辛和自己的伤痛，只是对自己不能坚持走完全程而耿耿于怀。

母亲心疼地对小比尔说："孩子，你并没有失败，因为你已经具备了不怕困难的勇气和精神。这种勇气和精神连医生和老师都非常钦佩。你有这种勇气和精神，谁都会相信你一定能走完全程，并一直走在最前面！"

轰动全校的经营报告

到了小学六年级的时候，比尔·盖茨始终没有找到兴趣的聚焦点，不知如何使用自己的聪明才智。"我的课桌总是很乱，我从来不注意这些事情。我总是在校园游戏场上把男孩子分成小组，还经常嘲笑一些本来不该嘲笑的事情。"比尔·盖茨回忆当时的情景时说。

渐渐地，比尔·盖茨对学校的一个由六年级学生组成的"世纪俱乐部"产生了兴趣，他积极参与这个俱乐部的各种活动，包括教学性质的田野考察，讨论书籍和时事等。

当时的学校还设置了经济课，目的是让教学和社会现实紧密联系，激发孩子的某种潜能，为孩子将来进入社会奠定基础。比尔·盖茨对此也产生了浓厚的兴趣，在这门课上，比尔·盖茨起草了一份虚拟的商业报告:《为盖茨股份有限公司投资》。在这份报告中，比尔·盖茨把自己想象成一个发明家，拥有一套新的医疗设备，他要大量生产这个产品，然后将其销售到整个西雅图……

其实，那时候他对经济懂得非常少，为了完成这份报告，他从父亲那里借了许多经济方面的书籍，煞有介事地研究起来。最后，当报告完成的时候，他还去征求父亲的意见。父亲既高兴又惊讶，他意识到比尔·盖茨小小年纪已经对"投资""公司组织""资金筹措"等抽象概念有了正确的认识，并能条理清楚地阐述自己对未来的规划。

比尔·盖茨在这份报告的结尾，写下了这样的话："只要能筹措到足够的资金，并且请到优秀的人来帮我做事，我就一定能取得成功！"这是一份多么难能可贵的自信啊！最后，这份有关经营的佳作，在校内外引起了轰动。

比尔·盖茨的姐姐后来回忆说："小比尔总喜欢找些东西来花费时间和精力琢磨。小时候他觉得自己的小脚趾有些弯，就花不少时间往外拉，想把脚趾弄直。不论做什么，他都很执着。"

崭露头角的中学时代

对"电脑"一见钟情

到了 11 岁，比尔·盖茨要上中学的时候，父母很为他发愁。那时候小比尔看上去很小，很害羞，他的兴趣和一般的小学六年级学生又很不相同，每天只是醉心于各种游戏。父母为了给孩子创造一个良好的学习环境，决定把他送到私立中学去就读。因为在那里每个班的人数会少一点儿，老师更有机会来关注每一个同学。最后，父母经过一再讨论，决定把小比尔送去湖滨中学。

湖滨中学是一所管理严格的私立预科学校，只招收男生。虽然那里收费之高在西雅图首屈一指，每学期达到 5000 美元，但它的学术气氛浓厚，教学严谨，教学质量在当地也无可匹敌。

学校位于西雅图湖边，环境优美，设施齐备，更重要的是这里有一个充满竞争的环境。学校重视那些具有特殊才能的学生，尤其是鼓励学生去发展自己的爱好和兴趣，这对于小比尔这个喜欢读书、善于思考的个性少年来说再适合不过。当时，这所学校不大，仅有 300 名学生。

很快，比尔·盖茨就在湖滨中学注册入学了。

1968 年，当比尔·盖茨在湖滨中学的第一年临近结束时，学校做出了一个对比尔·盖茨的未来有重大意义的决定。

由于当时计算机的飞速发展推动了科技发展的狂热浪潮，湖滨中学毅然决定，让学生去涉足这个崭新的计算机世界。在那个时代，让学生使用计算机是非常罕见的，也是非常昂贵的一件事。然而，事实证明，它对比尔·盖茨的成长起了非常重要的作用。

从接触计算机的第一天起，比尔·盖茨就对这个神秘的机器产生了浓厚的兴趣。那时的计算机还不是真正意义上的电脑，而只是终端机，它足有一间屋子那么大，钢铁的外罩，前面有一个键盘，处理的结果都要通过与它相连的打印机打印在纸上才能看到。即便是这样，这台"妙不可言"的计算机，还是让大家兴奋不已。没过多久，学校的计算机房就成了对几个优秀的学生尤其是比尔·盖茨最具吸引力的地方。

比尔·盖茨把大量的时间用在了研究计算机上。不管什么时候，只要他有空余时间，就会全身心投入在这台机器上，反复进行操作和练习。在湖滨中学，比尔·盖茨并不是唯一一个对计算机着迷的学生，还有其他一些人和他一样对这台终端机非常着迷，有事没事就往计算机房跑。在这些人当中，有一个比比尔·盖茨高两个年级的叫保罗·艾伦的学生。后来就是这个人和比尔·盖茨一起创办了全世界鼎鼎大名的微软公司。

那时候，计算机不为一般人所知，就连学校的老师也都对这种新生事物不熟悉。比尔·盖茨无处可以求教，只有自己寻找和发掘资料，仔细研究。

　　在比尔·盖茨的房间里，堆满了电脑用的纸带、脏衣服和五花八门的阅读资料。他的父母曾尝试过各种各样的方法，让他清扫和整理房间。这种"拉锯战"持续了很长时间，最后，还是以父母的失败而告终。盖茨父母决定放弃，任凭盖茨的房间乱七八糟，眼不见为净！

　　功夫不负有心人，在比尔·盖茨13岁时，他便独立编出了第一个电脑程序，用这个程序可以在电脑上玩月球软着陆的游戏。这一年的7月20日正好是载有美国宇航员尼尔·阿姆斯特朗和巴扎·奥尔德林的"阿波罗11号"宇宙飞船着陆器在月球表面着陆的日子。盖茨虽然不能乘坐宇宙飞船去月球，可是他用电脑实现了他的登月梦想。虽然在今天看来这是一个简单的软件程序，但这的确是一个良好的开端。

志同道合的朋友

　　比尔·盖茨对计算机的狂热爱好与他的数学天赋分不开。计算机使用二进制形式来表达和处理信息，与大家习以为常的十进制完全不同。理解了二进制，就很容易理解计算机的运行过程了。但大多数人感觉0和1这两个数字非常枯燥乏味，而比尔·盖茨却觉得它们魅力无穷。他曾不止一次说过这样的话："大多数杰出的程序编制员都具有某种数学背景知识，因为这知识有助于人们去理解那些公理和法则的纯粹性……数学和编制程序两者之间的关系是极其密切的。"

　　课堂上学的数学知识已远远不能满足比尔·盖茨对数学的渴求，他开始自学华盛顿大学的数学课程。他的数学老师看到他能用课堂上从未教过的多种不同的数学方法解题后，非常惊讶。他由衷地赞叹道："我教了这么多年书，他甚至可以和同我工作过多年的那些优秀数学家相媲美！"

比尔·盖茨俨然成了同学们心目中的"数学家"。和盖茨一样对数学有着狂热爱好的还包括高中部的保罗·艾伦。艾伦常常拿一些怪题来考盖茨，两个人为此常常争论不休。

保罗·艾伦是比尔·盖茨一生中结识的最重要的朋友之一，这个比比尔·盖茨大3岁的人后来也成为美国计算机界大名鼎鼎的人物。

艾伦是一个文质彬彬的小伙子，他比其他待在计算机房的人穿戴更整齐，也更有风度。他留着浅色小胡子，戴太阳镜，夹着一个公文包，说话总是轻声轻语，为人谦虚并且有着强烈的进取精神。有人形容他说："他是一个看上去并不温和而实际温和的人，通常比比尔更容易接近，也更为友善……即使你在门那儿追上他，他也会停下来与你搭讪。"他的父亲在华盛顿大学图书馆工作多年，他也因此有机会得以博览群书。艾伦和比尔·盖茨经常在一起探讨计算机的种种问题，渐渐成了形影不离的好朋友。

艾伦常常向盖茨提出挑战，盖茨回忆说："保罗经常考验我，所以，当他感到得意时就会对我说：'嘿，我敢打赌你不能把我这道题算出来！'他总是向我提出挑战，并且往往是选那些艰深怪癖的问题。"

两个人有许多的共同点，他们都喜欢读科幻小说，而保罗·艾伦在这方面略胜一筹，他读的科幻小说是比尔·盖茨的四倍。除此之外，艾伦对自然科学也有广泛的涉猎。他能以一种有趣并且易于理解的方式把一些抽象的科学概念解释给盖茨听，例如"原子反应堆""枪炮工作原理""汽油怎样驱动汽车"等。而盖茨比艾伦知道更多的数学知识和软件知识。可以说，他们互为对方的"资料库"。

后来，为了集中大家的智慧，编制出更好的程序，以便能挣些钱，解决上机的问题，比尔·盖茨和保罗·艾伦以及湖滨中学的查德·韦兰德和肯特·伊文斯共同成立了一个程序编制小组。这批对电脑有着无限热爱的少年们抱着共同的梦想开始了他们的追梦之旅。

沉迷电脑

没过多长时间，湖滨中学就再也没有钱支付昂贵的计算机使用租金了。这件事使程序编制小组的成员们非常痛苦，比尔·盖茨也因此变得无精打采。为了筹集高昂的上机费，比尔·盖茨和同学四处奔走，甚至搞起了义卖，但是所得的钱也是杯水车薪，远不能满足他们对上机时间的要求。

后来，他们终于找到一个机会，就是帮助一家名为计算机中心的电脑公司抓臭虫。这个公司听起来名头很大，其实它只有一台 PDP-10 型计算机，公司的主要业务是用这台计算机向西雅图地区的科研单位和企业提供收费服务。臭虫，其实就是电脑行业里人们称呼软件中程序错误的代名词。因为一旦有了这种臭虫，就会使电脑导出错误结果或死机。比尔·盖茨他们和计算机中心的负责人约定，他们帮助公司抓臭虫，并提交软件程序错误清单和有关情况的报告；作为抓臭虫的报酬，他们可以免费使用该公司的计算机。

这样，每天晚上计算机公司员工下班之后，这帮电脑爱好者便冲出校园骑自行车去那里上班抓臭虫。他们在那里有许多台电传打字终端机可用，有各种电脑软件可尽情研究。这项具有刺激性的工作对比尔·盖茨他们太有诱惑力了。每天晚上，他们都聚精会神地研究电脑程序，认真记录发现的电脑臭虫，并编撰了《问题报告书》，最后这本报告书竟长达300多页。

通过这一段时间的抓臭虫，盖茨对计算机的奥妙有了更深入的理解，也使自己的电脑知识和技能与日俱增，为日后的研究与开发，打下了精深的功底。

比尔·盖茨的父母不知道他去计算机中心的事，只知道他经常很晚才回家，然后悄悄溜进自己的屋子。有时候他实在抵御不住计算机的诱惑，趁父母睡下后，再偷偷溜出卧室，在计算机旁一待就是大半夜。

比尔·盖茨在计算机方面获得了很大的满足感，经常有比他大的计算机爱好者向他请教，每当这时候，他就会滔滔不绝地讲个不停，样子无比陶醉。他最热心的观众之一奥古斯丁回忆说："他对计算机迷恋到那种程度，可以说是同呼吸共命运，以致经常忘记修剪他的指甲。他的指甲有时可达半英寸长也无暇去修剪。从一定意义上说，他完全是一个沉迷者，不管他做什么，他都是那么投入。"

与生俱来的商业头脑

盖茨在很早的时候就显示出其特有的生意头脑和经商能力。

他最欣赏美国亿万富翁洛克菲勒说过的一句名言："即使你们把我身上的衣服扒光，一个子儿不剩，然后把我扔在撒哈拉沙漠的中心地带，但只要有两个条件——给我一点儿时间，并且让一支商队从我身边路过，那要不了多久，我就会成为一个新的亿万富翁。"在湖滨中学，比尔·盖茨就曾对他的同学哈克斯说过这样的话："我要在25岁的时候赚到我一生中的第一个100万美元。"比尔·盖茨绝不是吹牛，他付出了实际行动。

1971年，程序编制小组揽到一项重要的业务。一家名叫信息科学的公司慕名找到保罗·艾伦，想请程序编制小组为他们的客户编写一份工资表程序。保罗·艾伦希望盖茨能够参与这个项目，盖茨当即表示如果他参与这项工作，大家就必须服从他的统管。无疑，盖茨在编写程序方面是无人可比的，而且这项工作还要涉及税法、工资扣除法等法律和商业方面的知识，大家只得同意这个提议。在盖茨的统筹安排下，工资表程序很快就大功告成了。

在交付谈判时，盖茨提出不能按工时收费，而是以项目产品利润或者版权协议的规定来收取酬金，而且还要按公司所获利润的百分比抽取报酬。最后，程序编制小组得到了信息科学公司所获利润的10%，而且这家公司在后来行销这个软件时，也要按法律规定向他们支付版权费，另外还给了他们大约价值1万美元的计算机使用时间。小小年纪，就知道按版权抽取利润，而且还是第一次同一家大公司打交道，可见比尔·盖茨从小就具备非凡的商业才能。

随后，盖茨和艾伦又开始探索新的生财之道。

很快，他们被一根横穿马路的橡皮管子吸引住了，它是市政当局用来统计汽车流量的。这根橡皮管子同一个金属盒子相连，其系统配有一种 16 个打孔的纸带。每次汽车通过橡皮管时，机器就以二进制的两个数字"0"和"1"把这次记录打在纸带上，这些数字用来反映时间和流量。市政当局会雇佣一些私人公司把这些数据变成有用的资料，便于市政工程师利用，以确定最佳的交通管理方法，安排交通红绿灯的时间长短等。盖茨提议可以设计一种能分析纸带记录的计算机程序，更科学地统计出城市交通流量状况。为此，他们还专门成立了公司，取名为"交通数据公司"。

盖茨和艾伦买了一台据说是第一个通过经销商销售的 8008 微处理器，并用延期付款的方法聘请了一位工程师，来帮助设计硬件。经过七拼八凑，他们最终搞出了自己的机器，软件也很顺利地设计出来了。盖茨还通过父母的关系，找到了一位主管交通的市政官员，向他推销自己的产品。

在 1972 年到 1973 年的一学年中，比尔·盖茨和保罗·艾伦经营的这个小公司从订户那里盈利了 2 万美元。

但是，交通数据公司并没有获得很明显的成功，它的业务开展得很困难，最终这次创业因为政府政策的调整而不了了之。而这次开公司最为难能可贵的是，他们拥有了实际运作公司的宝贵经验和能力。

交通数据公司不景气后，比尔·盖茨也一直在努力寻找其他赚钱的业务。他和好友肯特·伊文斯合作成立了"逻辑模拟设备公司"。他们委派学生四处出击，招揽生意，寻找廉价劳动力。

在给湖滨中学学生写的一封信中，他们这样写道：

> 湖滨中学计算机程序编制小组和逻辑模拟设备公司是两个以计算机为发展方向的计算机盈利团体，它们拥有许多赚钱的手段和目标，这包括：课程设计、从事交通流量研究工作、制作烹调书。我们想扩展实力，现在已有5个湖滨中学学生加入进来，这并非计算机事业的狂妄之举。我们需要那些能打字，会搞设计和绘制建筑草图的人，如果有兴趣，请与肯特·伊文斯、比尔·盖茨或克里斯·拉森联系。

通过大家不懈的努力，机遇又一次降临在了比尔·盖茨的头上。当时，湖滨中学的学生人数很多，情况千变万化，每个学生每天要上8堂课，而每个学生的课程又不同，有的课程一周只有一天，有的课程还包括额外两个小时的实验室时间。人排课不仅耗时巨大，而且常常分配不均，造成某些课程学生过度拥挤的现象。于是，校方找到盖茨，希望他们能为湖滨中学400名学生设计一个课程表程序。盖茨他们接到这个工作后欣喜万分，虽然没有这方面的经验，但盖茨当即表示有信心胜任这项工作。

他们花费了大量的时间，课程安排终于大功告成。学校付给了盖茨等人丰厚的报酬，并支付了他们使用计算机的费用。学生们对新课程安排也非常欢迎。湖滨中学至今还在使用盖茨他们编制的程序，其间只是做过几次简单的修改和调整。

课程安排的巨大成功，大大鼓舞了比尔·盖茨的信心，他写信给湖滨中学周围的学校，提出可以为他们编制计算机程序来管理学生的课程安排计划，并使课程安排的正确率在95%以上。他在信中这样写道：

> 湖滨中学使用一套由我们开发的课程安排计划，我们也很乐意为您开发一套类似的课程计划，质量绝对可靠，价钱也很合理，每个学生收费2-2.5美元，如来信洽谈，万分感谢。
>
> ……………

这些早期经营所积累的经验为比尔·盖茨以后靠软件挣大钱提供了充分的实战经验。无怪乎他在后来微软公司的经营管理中游刃有余，左右逢源。

在高年级的最后一个学期里，比尔·盖茨一直在坚持不懈地寻找各种途径和机会，以便利用自己在计算机编程方面的知识赚到更多的钱。

1973年，美国国防项目承包商TRW公司遇到了一个难题。他们开发的一套用于管理水库的电脑监督控制系统，老是消灭不了各种电脑臭虫，进度缓慢，眼看要遭到违约处罚了。TRW公司的老板只好向世界各地寻求能人，当听说了比尔·盖茨和保罗·艾伦的经历后，便向他俩求援，两个大男孩高兴地答应了。

这是一件很专业化又很艰难的工作，盖茨在此之前从未接触过如此复杂而又庞大的程序，这样的挑战对盖茨来说充满了吸引力。虽然按规定，中学生只能拿工读生的低工资，但是盖茨并不计较，他的主要目的是通过这种工作来提高和锻炼自己的软件设计能力。他向学校说明了情况，由于此前成功地为湖滨中学编制了课程表程序，学校也破例允许他可以不上课，全力以赴为TRW公司工作。由于盖茨和保罗的加入，TRW公司终于按时完成了项目，免予巨额罚款。而盖茨和保罗除了得到每周薪金165美元外，还得到了该公司一位电脑专家的具体指导，两人的软件技巧得到了迅速提高。

1973年6月，比尔·盖茨毕业了。他离开了这所给他以希望，并把他引到计算机道路上来的湖滨中学。对盖茨来说，湖滨中学是他的天才得以发芽、茁壮成长的摇篮。在这所学校里，他的智慧火花和天才创造力被激发了，进取心、执着精神和经商能力也得到了培养。他还和湖滨中学的一帮计算机天才小子结下了深厚的友谊，这些人后来成了缔造微软帝国的元老。湖滨中学也因此名声大震，乃至风靡全世界。今天，人们普遍称湖滨中学为"天才的学校""微软的摇篮"。

第二章
哈佛大学时艰难的抉择

在哈佛大学，他做了三件事：办了一个公司，写了一个程序，交了一个朋友。但是这三件事却件件惊天动地——他办的微软公司最后成了不可一世的软件帝国，他写的 BASIC 程序成了微型电脑的第一个软件程序，他交的朋友就是现在的微软总裁兼首席执行官鲍尔默。

考取哈佛大学

比尔·盖茨要高中毕业了，摆在他面前的有很多选择。父母希望他能考取哈佛大学，在那里接受高人的指点和栽培，将来继承父业，做一名大有成就的律师。而至于他所迷恋的计算机，父母认为那只能作为爱好，不能成为终身的职业。

其实，这时候的比尔·盖茨对自己的未来规划也是飘忽不定的。他有时有开创公司的冲动；有时又想投身抽象数学和经济学领域；受父母高谈阔论的影响，他有时又觉得做一名律师也不错。而哈佛大学一直是比尔·盖茨所向往的高等学府之一，他渴望在那里得到更有才华的人的指点。最终，天遂人愿，比尔·盖茨以数学满分的优异成绩考取了哈佛大学。

在世界著名学府之林中，哈佛大学算得上是美国高等学府中最悠久的一所大学。它坐落在马萨诸塞州的剑桥镇，靠近波士顿，是最早的私立大学之一，以培养研究生和从事科学研究为主。哈佛大学到处充盈着深厚的历史底蕴、人文气息。始建于1638年的哈佛大学图书馆，是美国最古老、也是美国最大的大学图书馆，有100多个分馆。它的藏书量仅次于国会图书馆，馆藏书架相连长达约60英里。哈佛大学犹如一所巨大的知识宝库，为学子们提供了梦寐以求的学习环境。

在外界看来，哈佛大学无疑是一个充满魅力甚至神秘的地方，它是成功、权力、影响、伟大等等的象征和集中体现。最高法院的历届法官中许多人毕业于哈佛；在这里，也先后诞生了美国历史上的 8 位总统、40 位诺贝尔奖得主和 30 位普利策奖得主。富兰克林、罗斯福、奥巴马，一个个响亮的名字，都和这所世界最著名的高等学府息息相关。

哈佛大学的录取率，在美国所有大学中也是最低的，这也就意味着哈佛对申请者的审查最严，门槛最高。能进入这所世人瞩目的学府深造，实在是莘莘学子梦寐以求的机会。

哈佛大学的校训是："以柏拉图为友，以亚里士多德为友，更要以真理为友。"1973 年秋，比尔·盖茨读着这样的校训走进了哈佛大学。

特立独行的个性

极有个性，是比尔·盖茨的大学同学对他评价时经常用到的词眼。他看起来比实际年龄要小许多，他的头发平直又不加梳理，个子小而瘦，声音很尖，还是个左撇子。他在谈话、阅读或者思考的时候，还是延续了小时候的习惯，总喜欢把头置于双手之间，然后身体前后猛烈地摇摆。有时候，为了表达自己的观点，他甚至还会疯狂地挥舞手臂。

独特的个性让盖茨在大学期间获得了"数学和计算机天才"的称号。其实在盖茨小的时候，盖茨的父亲就觉察出儿子或许不是一般人，"在他的班级里有许多聪明的孩子，他或许不是最聪明的。但他很早就表现出令人诧异的独立性，他的性格、字里行间都显示出他的想法非常的独立。"但谁也不会想到后来他竟会有如此的成就。

进入哈佛大学后，比尔·盖茨虽然学的是法律，但是他的心仍然系在计算机上。在给好友保罗·艾伦的信里，他这样写道：

感谢上帝，哈佛的教学方法比较灵活，现在我又可以玩计算机了。学校已经批准我同时攻读本科和研究生课程。除了经济学、历史、文学、心理学等必修课之外，我还选修了数学、物理和计算机等课程。哈佛大学的计算机房大极了，机器也更先进一些。每天在机房的那段时光，对我来说是最快乐的……

在哈佛，比尔·盖茨依然不算是一个好学生，他仍旧无法使自己摆脱电脑的诱惑。他经常逃课，别的地方哪也不去，就是一连几天待在计算机中心的电脑实验室里整晚整晚地写程序、打游戏。有时候他会疲惫不堪地趴在电脑上酣然入睡。

在课堂上睡觉对盖茨来说是常有的事。据说，有一次考希腊文，同学们都在紧张地答卷，而比尔·盖茨眼睛却半睁半闭，一动不动。监考的老师以为他是在潜心思考，结果观察了半个小时，他还是纹丝不动，这才把他从睡梦中叫醒。他匆匆忙忙地答题，差点儿没有把题做完，结果居然考了一个"B"，他为此得意非凡。

比尔·盖茨的休息方式也很奇特。他可以连续 36 个小时疯狂地工作，然后倒头睡上 10 个小时。他累了回到宿舍的时候，往往床铺也不铺，被子也不打开，就躺在那张乱糟糟的床上，拉过一张电热毯往头上一蒙，倒头便睡。无论环境多么嘈杂，也休想影响他进入甜甜的梦乡。同学形容他"睡得跟死猪一样，天塌下来也不会醒"。比尔·盖茨至今仍保持着这个习惯，当他坐飞机时，他常用一个毯子盖在头上，然后整个航程都酣睡不止。

比尔·盖茨的一位朋友曾这样评价他："他是一位头脑清晰的思考家，但却很容易感情用事。他很富有，也很幼稚。在控制性情方面，他从未成熟过。"

　　和大多数不安分的学生一样，盖茨也喜欢在课堂上找老师麻烦。他坐在教室里，课桌上什么也没有，只用两只手抱着脑袋，不停地在椅子上摇晃，样子显得十分不屑。他看着老师在黑板上解题，过了一会儿，便会对老师说："老师，你有个地方写错了，让我告诉你吧。"这常常让老师尴尬地下不了台。他觉得给老师挑毛病是一种乐趣，似乎并不想去顾及老师的面子。

　　盖茨的记忆力和计算能力惊人，通常老师布置的练习题，他只做其中的 20%，其余的 80% 不是他不会做，而是因为他觉得太简单了，做了无异于浪费时间。他具有在脑子里做运算的特殊天赋以及近乎照相机般的记忆力。多年以后，他仍能高兴地复述微软数百职员中许多人的牌照号码。

　　比尔·盖茨也很喜欢辩论，他还有一种发现他人纰漏的惊人洞察力。如果给他看《蒙娜丽莎》，他会一眼就看出败笔。一旦发现一个人的纰漏，他会用他喜欢的语言将那个人说得体无完肤。就连和他共事多年的保罗·艾伦，他也丝毫不示弱。在他和艾伦相识后不久，他曾对艾伦说过："我很好相处的……只要让我拿主意就行。"可见，让盖茨占上风，是和他共事或成为好朋友的前提。

　　除了玩计算机、辩论，他也和现在的年轻人一样喜欢和朋友一起玩游戏、一道跳摇滚。在和女性交往方面，比尔·盖茨好像并没有表现出多大的兴趣。他也似乎确实同一名叫卡罗琳的女孩有过交往，那是他父亲同事的女儿。但是很快卡罗琳就发现，比尔·盖茨对女性没什么吸引力，他除了谈论计算机方面的事情，似乎就没有别的事情可谈了。比起和姑娘们在一起，他更喜欢和年长的人一起打牌。卡罗琳觉得她和比尔·盖茨没什么共同话题，一度怀疑比尔·盖茨有心理疾病，两人最终分手。

在许多年之后，卡罗琳改变了自己对比尔·盖茨的看法，认为当年他只不过是不愿意把精力放在他不感兴趣的事情上罢了。

不屈居第二的倔强

比尔·盖茨从小就喜欢数学，并且在数学方面也显示出了特殊的天赋，许多人都认为他将来会成为一个数学家，而不是一个律师。比尔·盖茨也想过要朝着数学方向发展，并且将这种想法一直保持到上大学。

在哈佛大学，比尔·盖茨在数学方面最得意的一次是提出了解决一道数学难题的方法。那是刊登在数学杂志上的难题：一个厨师做了一叠大小不同的煎饼，他要不断从上面拿起几个煎饼翻到下面，最后使煎饼按大小顺序排列，最小的煎饼在上面，最大的煎饼在下面。试问：假如这里有 N 个煎饼，厨师需要翻动多少次，才能完成这个排列？

这个问题看起来不难，做起来却非常不容易，但比尔·盖茨找到了解决这道难题的一个比较好的方法，并将这种方法告诉了数学教授克里斯托斯·潘帕莱米托。教授把这个方法详细地记录了下来，并发表在 1979 年的一期《非线性数学》杂志上。据说，比尔·盖茨的这一解题方法使这一难题取得了突破性进展，其影响至少可以在数学界持续 15 年。

但是很快盖茨就发现，在人才济济、群英荟萃的哈佛大学里，他不是数学天分最高的人，有人的数学才能竟然超过了他，这使一向争强好胜的盖茨一度非常沮丧。

盖茨素来有一条人生信条，那就是：在任何事情上绝不屈居第二。由于发现还有其他的人在数学方面的天分高于自己，在哈佛读大学二年级的时候，比尔·盖茨开始放弃了专攻数学的念头。盖茨后来回忆说："我总想我也许可能做到一些达到世界水平的事情，这种想法有很长时间了，我是得好好想想。在数学方面我的决定是：我能够待在一个房间里，一坐就是 5 年或 6 年，即使我做出了点儿成绩，但谁又能知道呢！所以我在想，数学是否是我可以奉献终生的领域。面前的世界充满如此多的机遇，我的心灵是相当开放的。我想过学法律，当律师或许挺有意思；我想过学生理学、心理学，研究大脑的科学或许会有趣；我想到过从事人工智能方面的工作或许不错；我想到过进行计算机理论研究或许也很好。我确实还没有下定决心到底干什么……"由于盖茨对未来还没有一个明确的目标，不知道毕业后会有一个什么样的结果，他常常一连几个小时在宿舍里做"哲学的沉思"。

那段日子，茫然中的比尔·盖茨靠玩扑克来解脱自己，并且拿出了玩计算机的尽头，百折不挠，全力以赴。

每天晚上，一大群小伙子聚集到比尔·盖茨配有烹饪工具的"卡雷房"里郑重其事地打牌赌钱，一个晚上的输赢在几百上千美元之间。起初，比尔·盖茨的牌技欠佳，频频失手，输得一塌糊涂。但是他生性机灵好钻研，加上超强的记忆力和超群的分析能力，再凭着不服输、事事争第一的秉性，他很快就成了玩牌高手。

　　比尔·盖茨的朋友布莱特曼这样评价比尔·盖茨："比尔没有干不成的事，他总是集中精力干好一件事，决不轻易放手。他的决心就是，不干则罢，要干就干最好。玩扑克牌和研究软件，比尔都做得很好，他可不在乎别人怎么想。"

　　后来，比尔·盖茨在他写的一本书里，曾经就那个时候的事回忆道：

　　"1973年秋，我进入了哈佛。学校里有不少人故作姿态，松松垮垮，让人觉得他对一切漠然视之。因此，第一学年，我也有意制定了一套行事策略：大多数时间逃课，到期末再猛学一阵。我是想看看我花最少的时间能得到多高的分数。这不过是一种游戏，一种老把戏罢了。我把其他时间都拿来玩扑克，扑克对我有极大的魅力。玩牌时，你得了解各种情况：谁叫牌大胆，谁已经出过什么牌，谁叫牌和诈牌的方式如何等等，然后把种种情况综合起来，再根据自己手上的牌决定出牌策略。我精于此道。"

　　比尔·盖茨住的一间没有用的空房间成了名副其实的"扑克房间"。牌也打得很厉害，一晚上的输赢有时候能达到2000美元。盖茨是最沉得住气的一个，往往在最后的几盘反败为胜。

　　比尔·盖茨有时会持续一天一夜地玩牌，从牌桌上下来后他也觉得玩牌没有多大意思。为了克制自己的牌瘾，他也曾把自己的支票交给保罗·艾伦保管，但是仍然无济于事，没过几天，他又会把支票要回来。于是，他得出结论，一个人如果不能控制自己的感情，靠别人帮助也不能完成，实在控制不了，干脆顺其自然好了。

　　那个时候比尔·盖茨曾开玩笑地说过，自己有两个任务，那

就是打牌和打键盘。这两种工作都同样使他快乐。现任明尼苏达
州某个办公用品公司总裁的斯科特·德尔回忆说："我对比尔的印
象是，这也是其他人的印象，他不是在房间里打牌，就是在计算
机房里工作。"

　　不过，我们可以肯定的是，比尔·盖茨无论是在计算机方
面，还是在赌桌上，都是王中之王。

两个"高频段交流"的朋友

在这个时期，比尔·盖茨还结识了他一生中至关重要的一个朋友史蒂夫·鲍尔默。此人对他的影响之大就如同湖滨中学时的保罗·艾伦一样。

鲍尔默在微软公司早期的作用并不很重要，但是现在却是微软公司的首席执行官。鲍尔默性情暴躁，但是雄心勃勃。从哈佛大学毕业后，他曾到斯坦福大学攻读商业管理硕士学位，最终，他被比尔·盖茨"拉下水"，没有念完就退学去了微软。

鲍尔默并不像人们想象的那样也是个计算机高手，他对计算机没有兴趣，也并不具备计算机技术方面的知识。但是他和比尔·盖茨一样对数学很着迷。他在哈佛大学攻读的就是应用数学学位。

鲍尔默和比尔·盖茨同住在一层宿舍楼的两端。两人有着许多共同的爱好。每当深夜比尔·盖茨打完牌，都会走进鲍尔默的房间，同他彻夜长谈。谈论的内容很宽泛，有时是比尔·盖茨讲述他牌桌上的冒险经历，有时是两个人一起讨论对某个数学问题的看法。两人虽然个性完全不同，却十分投缘，用盖茨的话说，他和鲍尔默属于"高频段交流"，彼此能接收对方的全部信息。两个人就如同两台联机的计算机终端一般，有时激烈地争论，有时不紧不慢地闲聊，有时互相开玩笑，有时又对对方极尽嘲讽。

两人还曾一起选修过研究生的一些课程，都坚持大多数时候逃课，期末考试的时候才把关键的书本玩命突击一下。两人的游戏规则就是用最少的时间，得尽可能高的分数。他们曾攻读过一门艰深的宏观经济学课程，即2010年经济学，任课的教授允许大家把全部成绩押在期末考试上。两人虽未上过一节课，但经过考前一周的猛烈突击，结果鲍尔默得了97分，盖茨则高达99分。两个人总体上都是数学高手，可似乎鲍尔默更胜一筹。在一次著名的全国性数学竞赛中，鲍尔默还战胜过比尔·盖茨。

鲍尔默与比尔·盖茨个性迥异的地方是，鲍尔默非常善于交际。他将大量的时间用于社交活动，不仅管理足球队，担任文化社社长，还是社交俱乐部的成员。鲍尔默似乎认识哈佛的每一个人，他劝说比尔·盖茨参加"卡雷"男子俱乐部，在首次参加俱乐部的仪式上，强迫比尔·盖茨身穿礼服向在场的其他人介绍一下计算机方面的事情。但比尔·盖茨天性腼腆和拘谨，总是表现得笨手笨脚。布莱特曼回忆说："比尔和史蒂夫的性格刚好在两个极端，比尔真的属于那种不善交际的家伙，不喜欢在外面与许多人混在一起。我不是说，他因为对人不友好而缺少人缘。他只不过很少整天在外面泡罢了，而史蒂夫则相反。"

盖茨很喜欢鲍尔默，鲍尔默是比尔·盖茨为数不多的几个知心朋友之一。当初盖茨决定从哈佛退学，曾受到许多亲朋好友的劝阻，其中也包括鲍尔默。有趣的是，数年后，当这位室友在斯坦福大学商学院攻读 MBA 课程时，盖茨又来劝他退学去共创天下。鲍尔默最终没有完成斯坦福的学业，被盖茨游说到了微软公司任职。

BASIC 语言的诞生

比尔·盖茨进入哈佛后，还一直在为他和保罗·艾伦一起经营的交通数据公司寻找出路。后来，由于美国联邦政府决定向各市县政府免费提供交通数据服务，使得盖茨他们的交通数据公司经营出现了前所未有的困境。最终，公司经营不下去了。但比尔·盖茨和保罗·艾伦想开一家电脑公司的决心却更加坚定了。

为了拉拢好朋友比尔·盖茨和自己一起创办电脑公司，保罗·艾伦不惜放弃原来的工作，从华盛顿来到波士顿，在当地一家霍尼韦尔计算机公司找到了一份工作，趁着晚上或者周末到哈佛大学探望盖茨。

1975 年 1 月的一个清晨，保罗·艾伦又穿过哈佛广场来看望比尔·盖茨。

当走到哈佛大学书报亭的时候，保罗·艾伦被一本《大众电子》杂志吸引了。他对这个刊物很熟悉，他从很小的时候就开始阅读这个刊物了。

突然，这本杂志的封面让保罗·艾伦欣喜若狂。原来封面上印有一幅牛郎星（阿尔塔）8800 计算机的图片。旁边还印着一行醒目的大字："突破！世界上第一部微型电子计算机，堪与商业型号相媲美！"他赶紧买了下来，仔细研读。

这是第一种供个人使用的电脑，而且面向公众出售。它使用8080微处理器，外形上像一个长方形的金属盒子，上面有几排小的指示灯，没有软盘驱动器，没有显示器和键盘，基本上现在个人电脑的那些标准配件都不具备，仍然使用打孔机。那时候只有那些对电子设备感兴趣的人才会买下这种电脑。

即便是这样，保罗·艾伦还是无比兴奋地拿着这本杂志跑去给比尔·盖茨看，比尔·盖茨看到这本杂志后，非常震惊，他预感到个人计算机革命就要开始了，这必将改变整个世界！

两个人兴奋之余，发现了这台计算机存在的问题：它没有电脑语言，所有的电脑语言都是为大电脑写的。不过，这也是最让他们兴奋的地方，因为他们已经在1974年底成功编制出了一种计算机语言——BASIC语言。

BASIC语言是比尔·盖茨和保罗·艾伦出于对计算机的热爱，对计算机可能做任何事情的可能性的迷恋，而开发出的一种计算机语言。但他们当时没有想到具体应用的问题，没有编制成套的、完整的、可以让计算机运行的软件程序。

盖茨和艾伦并没有因为这个问题而退缩。他们直接打电话给阿尔塔计算机的生产商艾德·罗伯茨，告诉他他们研制出了一种BASIC语言，只需要稍加改动就能应用于阿尔塔计算机。

电话那头，罗伯茨听出是两个毛孩子的声音，根本不相信他们的话，事实上盖茨他们也确实没有什么程序。罗伯茨对盖茨他们的答复和其他人一样，无论谁，只要先拿出他所需要的最成熟的计算机语言，就获得了同他合作的机会。

比尔·盖茨和保罗·艾伦并没有因为拒绝而停滞不前，他们紧接着给罗伯茨写了一封长信，详细阐释了他们的研究成果，并一再保证他们的 BASIC 语言完全可以在阿尔塔计算机上使用，每套售价只要 5 美分。

许诺是美好的，但是如果拿不出一套完整的计算机语言，许诺也就变成了谎言。为了证明自己没有撒谎，比尔·盖茨和保罗·艾伦别无选择，只有加紧研制 BASIC 语言。

他们没有见过真正的阿尔塔计算机，更没有可以用于程序调试的电脑，只能利用哈佛大学实验室的 PDP-10 计算机模拟阿尔塔处理器进行研究，可参考资料只有《大众电子》上的那篇文章以及从英特尔公司出的 8080 微处理器的详细说明书。

在接下来的 8 周里，他们两人不分白天黑夜地在计算机房里苦干，试图把最初简单的 BASIC 语言编写成可用于 8080 芯片的高水平的计算机语言。他们日夜不停地在键盘上敲击着，干着干着睡过去是经常发生的事情。艾伦还曾经认为盖茨有某种特异功能，在梦里也能编程。

创业的道路是艰辛的，不过，盖茨成功了。他们再次打电话给罗伯茨，罗伯茨听到这个消息后将信将疑，双方约定 3 个星期后去罗伯茨那里做演示。

很快到了和罗伯茨约定的日子，他们决定让保罗·艾伦带着程序去罗伯茨的微型仪器遥测系统公司，比尔·盖茨则留在哈佛等待消息。

当保罗·艾伦怀着无比忐忑的心情来到罗伯茨位于阿尔伯克基的公司实验室的时候，他才有幸第一次目睹阿尔塔计算机的风采。这部阿尔塔计算机有着 7K 的存储容量，与一台电动打印机相连，程序数码编在一张纸带上。这部阿尔塔计算机最好的地方是，它与一台纸带阅读机相连通，艾伦输入程序数码的纸带后，开始等待计算机的反应。这短短的几分钟对于他来说如此漫长，他完全不知道这台计算机是否会接受他们编写的语言。如果计算机没有任何反应，就表明他和盖茨将功亏一篑，未来的宏伟蓝图将化为一个遥远的梦。

突然，阿尔塔计算机对软件产生了反应，显示出"存储容量"的询问信号。艾伦克制住激动的心情，随机输入了"7K"的指令，电动打字机打出了"准备就绪"的字样。这表明他们编写的 BASIC 语言已经基本被计算机接受了！这令围在周围的工程技术人员吃惊不已，艾伦也如释重负，罗伯茨更是高兴地过去拥抱艾伦。艾伦后来回忆说："这是一家怎样的公司，他们能研制计算机，却不能使它运转起来。而我自己感到非常震惊，它竟能听从我的指令工作！"

结果，演示非常成功，BASIC 语言在阿尔塔计算机上工作得相当出色。罗伯茨对此也很满意，生意成交。

随后，艾伦被罗伯茨邀请出任微型仪器遥测系统公司的软件部经理，专门负责软件开发。这个公司因为生产阿尔塔计算机这种小型个人电脑已经名扬四海，现在又拥有了能够支持阿尔塔计算机运行的语言而更加生意兴隆。盖茨利用假期的时间和艾伦一起又对 BASIC 语言进行了无数次的改进，使 BASIC 语言达到了当时看来非常可靠的水平。

盖茨和艾伦编写的 BASIC 语言为日后的软件研制人员开辟了

前进的道路，为软件工业奠定了标准化生产的基础。可以毫不夸张地说，盖茨和艾伦点燃了个人计算机事业的技术革命，与大型计算机相连的哑终端开始逐步让位于功能齐全、只有桌面大小的小型个人电脑。比尔·盖茨也越发清楚地感觉到个人计算机时代即将到来，他开始认真思索起自己的位置。

毅然离开哈佛

在退学问题上一度挣扎

哈佛大学是多少学子梦寐以求的地方，是他们心目中的圣殿。能成为哈佛的学生，是一件多么值得炫耀终生的事情。然而，比尔·盖茨却想到了从哈佛退学。其实，这个念头在比尔·盖茨脑子里已经萦回很久了。早在交通数据公司经营出现问题的时候，比尔·盖茨就曾想到从哈佛退学，和艾伦一起开一家自己的电脑公司。但是这个可怕的想法被父母制止了，父母希望盖茨能在完成哈佛学业后再考虑创业。在父母的极力劝说下，比尔·盖茨才决定先把退学的事情放一放。

但现在不同以往了，BASIC 语言的成功编制给了比尔·盖茨很大的鼓舞，他感觉到创办自己的软件公司的时机到了，软件这个行业一定会大有作为，电脑也将走进千家万户，就像电视、汽车一样普及。如果错过这个最佳时机，将造成终生的遗憾。于是，他又萌生了从哈佛退学的念头。

1975 年 5 月的一天，比尔·盖茨又一次硬着头皮向父母袒露了心声，结果像以往一样他还是遭到了父母强烈的反对。比

尔·盖茨据理力争，希望父母能同意自己投身到计算机这个大有
前途的领域，否则会遗憾终生。但是无论盖茨如何解释，父母都
认为退学太草率，坚决不答应。

　　盖茨的母亲还专门安排当地一位白手起家的千万富翁斯托姆
与盖茨交谈，劝说盖茨打消退学的念头，完成哈佛的学业。

　　斯托姆是当地一位受人尊敬的商业领袖，常被人请去调解和
仲裁一些事情。他从未上过大学，是从事电子业才发家致富的。
他是华盛顿州屈指可数的几个在商业领域中既了解计算机技术，
又明了计算机产业发展前景的人。盖茨的母亲认为这样一个有软
件公司技术背景知识与商业常识的人，在劝说盖茨继续学业方面
很有说服力。

　　交谈中，盖茨向斯托姆解释，一场席卷全球的计算机时代即
将到来，这正是他施展身手的大好机会。任何一个对电子学略有
所知的人，都应该明白，个人计算机革命确实存在，并且新纪元
已经开启。软件是计算机的灵魂，它赚钱的前景更是无可
限量……

　　斯托姆听了比尔·盖茨对计算机未来时代极富激情的演说
后，被他的言论深深地感染了，非但没有劝阻比尔·盖茨退学，
反而鼓励他继续坚持自己的想法，好好干。

　　盖茨的母亲因为这件事，对斯托姆的表现很失望，好长时间
不愿意见到他，斯托姆反倒不以为然。

　　后来，斯托姆在退休后，还经常开玩笑地对别人说：

　　"在这问题上，我犯了一个可怕的错误。我那时应该给比尔
一张空白支票，让他随便填上数字去花，那该是怎样的一种投资

啊！我一直被认为是一个精明的资本家，但在这件事上，我简直蠢透了！"

出于对父母意见的尊重，比尔·盖茨没有立即从哈佛退学，但他的心早就飞离哈佛了。

直到 1977 年初，大学四年级刚上完一半的比尔·盖茨才真正办理了退学手续，离开了哈佛，投身到了当时前景并不十分明朗的软件事业。

比尔·盖茨并不是哈佛历史上第一个著名的退学学生。在他之前，还有不少的哈佛先辈们因退学而成名。例如，1894 年，有一位哈佛大学一年级的学生，因迫不及待要投身石油开采行业而从哈佛大学退学。他后来果然因石油开采而成为美国的巨富，他的名字叫霍华德·休斯。在 1926 至 1927 年和 1929 至 1932 年间，有一位学生在哈佛大学断断续续地读了三年的书。最后，他禁不住各种科研工作的诱惑，还是自动中止了在哈佛大学的学业去投身发明。他后来获得了 500 多项的专利，是继爱迪生之后美国最出名的发明家，他的名字叫波尼·莱特。1966 年，有一位来自佛罗里达州的哈佛二年级学生，因创立了美国历史上第一个乡村乐队"国际潜水艇乐队"而从哈佛大学退学。他后来成为一名著名歌手，他的名字叫格兰姆·帕森斯。

当然，在所有哈佛大学退学生中，比尔·盖茨的退学大概最具戏剧性。

当被问到是否因为退学后悔过时，盖茨这样回答："我离开哈佛大学而开设微软公司，从未后悔过。但是我还是很留恋大学生活的乐趣，很希望当年能有更多的时间让我能够顺利毕业，然而时间不允许。当你听到或者看到不少退学人士在事业上取得成功时，可能会以为创业应该优先于学业。但是，我却不这样认为，除非那人有一个非做不可的构思，否则的话还是首先完成大学学业比较重要。20 岁的小伙子有机会筹集基金和聘用优秀人才，毕竟是万中无一。"

可见，比尔·盖茨从哈佛退学绝不是一时的心血来潮，而是经过深思熟虑后才决定的。

微软出世

曾经有人说过这样一句话：世界上有许多做事有成的人，并不一定是因为他比你会做，而仅仅是因为他比你敢做。比尔·盖茨不仅擅长做，而且也善于抓住机遇，果断抉择。1975 年 7 月，比尔·盖茨和保罗·艾伦终于梦想成真，在新墨西哥州的阿尔伯克基正式创建了他们的第三家公司。他们把公司命名为"微软"，意思是搞微型计算机软件开发工作的公司。

这一年，比尔·盖茨刚好 20 岁。

这个公司与之前比尔·盖茨和保罗·艾伦创办的交通数据公司有着本质的区别，它们是两家完全独立的公司。

在划分公司股份上面，盖茨和艾伦又玩起了新花样，他们商定通过比较两个人各自编写的 BASIC 编译器代码数量来确定各自的股份数额。结果，年长的保罗·艾伦输给了比尔·盖茨，比尔·盖茨获得了公司 60% 的股份，保罗·艾伦则占有其余的 40%。

微软公司成立后，比尔·盖茨既要设计程序，又要四处做宣传，推广微电脑的应用，还要应付哈佛大学的课程，他逐渐感到力不从心。

当他再次回到哈佛大学的时候，他感觉到是必须做出抉择的时候了，事业和学业不能兼得。盖茨敏感地意识到，计算机时代即将来临，而且它的发展将会非常迅猛，机会稍纵即逝。这次他不顾父母的一再反对，毅然地选择了退学。

比尔·盖茨退学创业成功已经被许多人传唱成了一个神话，大学生想效仿比尔·盖茨辍学创业的大有人在。对于这些人，比尔·盖茨不止一次地在公开场合表达了自己的观点："绝大多数的人都应大学毕业，这是最基本的。别学我中途辍学！"毕竟，比尔·盖茨退学创办微软公司是当时特定背景下做出的无奈选择。

第三章
微软公司的崛起与腾飞

从创立微软，到成就微软帝国，比尔·盖茨强烈的事业心和永不满足的进取精神无人可比。他从来没有停下过前进的脚步，他永远给自己设定一个又一个的目标，然后不知疲倦地朝着成功挺进！

微软公司的初步成功

盗版风波

微软公司成立后，比尔·盖茨和保罗·艾伦找到了罗伯茨，希望能和他签署一份协议，以便确定阿尔塔计算机配套软件的使用权问题。

罗伯茨对"乳臭未干"的比尔·盖茨要求签协议的行为很吃惊，殊不知比尔·盖茨不仅精通计算机，更懂得涉及软件协议的严格的法律条文。这份协议有效期是 10 年，微软公司授权微型仪器遥测系统公司全世界独家代理使用 BASIC 的权利，包括向第三者发放从属许可证的权利。

这个协议规定了如下内容：每搭配硬件卖出一份 BASIC，微软公司收取 30 美元的费用；8K 版本 BASIC 每个拷贝是 35 美元，扩张 BASIC 每个拷贝是 60 美元；如果单独卖出，微软公司收取售价的一半；如果使用者需要修改，那么他将要为源代码付费，微软公司还将收取其中的一半费用；微型仪器遥测系统公司必须保证全力推进并使 BASIC 商业化，如果不能做到这点，将构成此协议自动终止。

这个协议后来成了计算机软件商业贸易方面的许可制度的模本，这种按拷贝收取利润的软件转让方法，也开启了最初软件盈利模式的先河。协议的最后一点是比尔·盖茨后来想到并加进去的，充分体现了比尔·盖茨灵活而严谨的商业头脑，而后来微型仪器遥测系统公司的行为恰恰违背了这一要求。

随着比尔·盖茨和保罗·艾伦对 BASIC 语言的不断完善，罗伯茨制造的计算机的销量越来越好，微软公司也从中挣到了 18 万美元。这些盈利对一般人来说已经不是一个小数目了，但距离比尔·盖茨的期望值还差得很远。

随着时间的推进，微型仪器遥测系统公司存在的问题逐渐暴露出来。罗伯茨制造的计算机欠佳，还不能如期向客户交货。为了促销，罗伯茨也常常玩一些欺骗消费者的低级伎俩，以次充好，寄出去的存储卡往往被投诉不能正常工作，顾客急需的 BASIC 软件也常常因为一些原因而久久收不到。这些都使得客户对微型仪器遥测系统公司极为不满，直接影响了微软公司的效益。

于是，盖茨和艾伦找到了罗伯茨，说明来意，希望将 BASIC 语言一次性卖给罗伯茨，这样对两个公司都有好处，价钱方面盖茨也报得很低，才 6300 美元。但是出乎他们的意料，罗伯茨回绝了这个提议。盖茨想知道是不是因为价钱有些高，但罗伯茨连连摇头。

无论比尔·盖茨如何劝说，罗伯茨都对一次性买断 BASIC 语言无动于衷，盖茨和艾伦只得悻悻而回。

后来，一个硬件工程师问罗伯茨为什么这么低的价钱不买断

BASIC语言，罗伯茨才说出了个中缘由。原来他是担心买断BASIC语言后，盖茨和艾伦会立刻离开公司，到时候就没有人来开发新的软件，并修改BASIC语言中出现的程序错误了。看来，罗伯茨还是老谋深算啊。

接下来发生的情况让比尔·盖茨他们更加始料未及。

事情发生在计算机俱乐部的一个展览场里，有人捡到了罗伯茨微型仪器遥测系统公司的BASIC语言打孔纸条，并交给了一个叫丹·索科尔的人复制。于是，微软公司第一次陷入了"盗版门"，BASIC语言被无穷尽地拷贝出来，然后免费地送给阿尔塔计算机的使用者和业余计算机爱好者。微软公司的盈利因此大打折扣。

这种赤裸裸的盗窃行为让比尔·盖茨暴跳如雷，他和保罗·艾伦绞尽脑汁，希望能找到一个行之有效的办法，让微软公司尽快摆脱盗版者的困扰。

在当时的情况下，自由拷贝软件被电脑爱好者所热衷，不为软件付费似乎成了天经地义的事情。而比尔·盖茨第一次勇敢地向这种传统发出了挑战。他写了一封《致计算机爱好者的公开信》，刊登在一本《电脑通讯》杂志上。

在信中，比尔·盖茨这样写道："对我来讲，现在的电脑爱好者圈里最要命的问题就是缺乏优秀软件和相关书籍。如果没有好的软件和一个懂得编程的所有者，个人电脑简直就是一种浪费。高质量的软件可以被业余爱好者编写出来吗？"

他把软件的非法拷贝者称之为窃贼，并这样质问计算机爱好者：

多数的计算机爱好者必须明白，你们中大多数人使用的软件是偷来的。硬件必须要付款购买，可软件却变成了某种免费共享的东西。谁会关心，开发软件的人是否得到了应有的报酬？

比尔·盖茨的这封公开信发表后，一石激起千层浪，许多人给比尔·盖茨回信表达了自己的观点。在这些回信中，有的表示对盗窃行为非常不满，有的则对比尔·盖茨提出的盗窃事实表示异议，有些小规模的公司表示恐怕以后不会有人购买正版软件了，所以不打算继续经营软件生意了……更有一些人提出种种谬论理由，为自己非法使用软件的行为申辩……

针对这些回信，比尔·盖茨写了第二封公开信，言辞更加激烈，继续对盗版行为进行谴责，要求个人电脑用户停止使用盗版的软件。在信中，他提出：

软件同音乐、文学作品一样，也是一种知识产品，并不是任何人都可以免费随便使用的。

即便这样，盗版风还是愈演愈烈，但这也在一定程度起到了现在所谓的"炒作"效果，扩大了微软的知名度，为微软的事业打下了坚实的社会基础。

经过一番激烈的讨论过后，软件程序是一种"智慧财产"的看法逐渐得到了大家的认同和法律的肯定，源代码终于被吸纳到了知识产权的保护范围之列，从而使软件产业真正跨入了商业化的时代。

软件产业开始变得越来越发达，新研制出来的软件能够完成更为复杂的操作。比如文字处理软件，可以让使用者在一个文件上任意移动单词和段落，它们也能够做出不同格式和大小的文件。还有一些软件可以展示和编辑图片。而且所有的软件的运行速度都越来越快。这些在今天看来司空见惯的事情在当时却是大家争相转告的新鲜事。

关于 BASIC 语言和微型仪器遥测系统公司的协议，比尔·盖茨建议道："我们可以在非专有的基础上就 BASIC 一次性发放许可证，固定费用为 3.12 万美元。这笔钱在两年内以每月 1300 美元付清。"

这样一来，微软公司一方面可以保留产品的控制权，一方面也可以忽略盗版者。至于微型仪器遥测系统公司怎么再对 BASIC 索价，由他们自己定。

这样一个一举两得的做法使微软公司彻底从盗版风波中解脱了出来。

比尔·盖茨开始到处推销自己的软件。他到各个计算机公司去宣传 BASIC 语言软件，希望这些公司在出售自己的个人电脑时能搭配上 BASIC 语言软件。他还通过广告来增加知名度，广告提出了这样一个口号：没有了微软，微处理器算什么？甚至宣称微软公司能生产面向任何数量、任何复杂水平上的微处理器。比尔·盖茨就这样凭借他在软件方面非凡的知识以及强大的说服力，加上广告的效果，让更多的人意识到了软件的重要性，意识到没有软件，硬件简直是一无是处。

在比尔·盖茨的不懈努力下，微软公司得到了许多大企业，如通用电气公司、花旗银行等的订单。随着公司业务的增多，盖茨和艾伦逐渐感觉两个人很难应付全部工作，经常忙得不可开交，于是他们开始雇佣更多的员工，其中有在湖滨中学时的老同学马克·麦克唐纳和理查德·韦兰德，还通过在大学校园张贴招聘广告，录取了两个斯坦福大学的毕业生阿伯特·朱和史蒂夫·伍德。家业大了，微软公司就在阿尔伯克基市区里租下了四个房间作为办公室，同时也添置了一些必要的家具。这样，微软公司越来越像个公司的样子了。

难缠的官司

由于罗伯茨独断专行，加之缺乏敏锐的市场触觉，公司最终陷入了破产的境地，罗伯茨只得把它转卖给一家叫佩特克的公司。

佩特克在接手罗伯茨的公司后，在 BASIC 语言软件的销售上与微软公司发生了分歧。他们认为，既然买下了罗伯茨的公司，那么也就拥有了 BASIC 语言软件的专利权。这引起了比尔·盖茨和保罗·艾伦的极大愤怒，因为罗伯茨只是销售这个软件，而软件的真正主人仍然是他们。

双方各执一词，互不相让，最终闹上了法庭。

这场官司历时 9 个月，在这段时间里，比尔·盖茨和微软度过了最为艰难的岁月。因为法院规定，在结案前不许动用 BASIC 软件的销售所得，而这正是微软的所有经济来源。公司靠这笔收入还要支付房屋租金和员工的工资。没有了这笔收入，公司将陷入严重的经济困境。

而这时，比尔·盖茨的父亲了解了比尔·盖茨的情况，提出向他提供资金援助，但这被比尔·盖茨婉言拒绝了。他希望通过自己的努力来证明自己的实力，希望微软公司一开始就能够自立。他向员工借了7000美元，这笔钱让岌岌可危的公司获得了喘息的机会。

为了取得这场官司的胜利，盖茨付出了很多努力。他在哈佛所学的法律知识也助了他一臂之力。老盖茨也加入了进来，他在仔细分析案情之后，断定这场官司肯定可以打赢，并向盖茨推荐了阿尔伯克基的一位资深律师。

1977年12月，这场官司终于到了判决的日子。法院最终裁定佩特克公司和艾德·罗伯茨违背协议，罗伯茨将BASIC语言软件卖给佩特克属于"商业剽窃"，判决微型仪器遥测系统公司只有使用BASIC语言软件的权利，微软公司则享有该软件的销售权，佩特克公司不能再分享BASIC语言软件的任何利润。

从此之后，微软公司与微型仪器遥测系统公司再也没有任何关系了。微软公司再也不用依附在微型仪器遥测系统公司身上，它开始了大踏步的前进。

这场官司之后，微软公司就再也没有发生过"经济危机"。

21岁的董事长

1977年，在公司经费紧张的情况下，比尔·盖茨却坚决选择参加美国举行的全国计算机大会，比尔·盖茨当时"掏空家底"

也要参加大会的决心让很多人不解。其实，比尔·盖茨是看中了参加大会的都是一些知名大公司这一点，他认为只有多和这些公司接触，才有利于公司长远的发展。如果不与外界沟通，只能故步自封，停滞不前。

最终，比尔·盖茨和保罗·艾伦还是想方设法参加了大会。参加完会议后，公司的业务迅速扩大，繁忙异常。比尔·盖茨往往需要身兼数职，集技术负责人、销售员、谈判代表等众多事务于一身，既要管理公司的行政事务、负责签发支票、填写税务表，又要处理广告业务，推销公司的产品。

这时，微软公司员工史蒂夫·伍德向比尔·盖茨建议雇佣一名女秘书来管理公司的杂事，比尔·盖茨同意了，并委托伍德全权负责这件事。

于是，一名叫米丽亚姆·卢堡的四十多岁的家庭妇女被幸运录取了。

卢堡上班的第一天，感到很好奇，因为公司里只有几个年纪轻轻的小伙子，所有的房间里全是计算机，人们所干的工作就是从早到晚不停地在键盘上敲击。

伍德告诉卢堡一个重要的规定，不许陌生人进入有计算机的房间，卢堡一直严格执行着这个规定。

过了几天，卢堡看见一个年纪轻轻的大男孩大摇大摆地走进了办公室，她赶紧给伍德报告，说有一个孩子趁她没留神的时候闯进了办公室。伍德听后哈哈大笑，他告诉卢堡那个孩子就是公司的董事长。卢堡吃惊地张着嘴半天说不出话来。

慢慢地，卢堡发现这个年轻的董事长年龄不大，却相当优秀。他有着惊人的记忆力，卢堡随便问他任何一个电话号码，他都能脱口而出。他还对法律相当精通，一些经过律师仔细推敲的合同拿给他看时，他都大加修改，甚至推翻重写。

董事长对卢堡也很好。卢堡刚进公司时，对计算机一无所知，他总能用最通俗易懂的语言讲解计算机方面的专业知识给卢堡听，卢堡也越来越喜欢这个年轻的董事长。

不过，这位董事长有一个小小的缺点，这让卢堡很为他担心。他工作起来常常忘记了吃饭和休息，卢堡不得不经常提醒他。

随着公司业务越来越兴旺，来公司谈生意的人也越来越多。经常有一些赫赫有名的公司老板，穿戴考究地来到这家不起眼的公司，会见这位穿着随便的董事长。他们来之前总要通过电话咨询卢堡，到了机场如何能知晓来迎接的人中哪个是比尔·盖茨，这时候卢堡总是千篇一律地回答说："这太简单了，如果你看到一个戴眼镜的金发孩子，模样大概16岁左右，各方面都让人感觉与众不同，那就是我们董事长了！"

渐渐地，卢堡越来越喜欢自己的这份工作，她也获得了公司普遍的认同，成了微软公司的总管家。她负责发工资、记账、接订单、采购、打字、照顾公司员工的生活，让员工有尽可能舒适方便的工作环境。她按照比尔·盖茨的意思去商店订货，让他们每星期给微软公司送两次可口可乐，后来又增加了牛奶和果汁，这些饮料都是微软公司免费给员工提供的。

微软公司还有一条严格的纪律，就是不能扔掉办公室的任何纸张，卢堡对此一直谨记在心。

有一次，马克·麦克唐纳上班时，发现自己前一天编制的一叠程序纸都不见了，他有些气愤，找到卢堡问她是不是当垃圾扔了。卢堡很坚决地予以了否定。但是马克还是坚称自己昨天晚上就把程序纸放在了计算机下面。卢堡考虑可能是清洁工在打扫屋子时，把地板上的东西当垃圾清扫了。这使得马克几个小时的绞尽脑汁的辛苦工作付之东流。

为了避免此类事件的再次发生，卢堡给清洁工又立了一条新规定：计算机房里的东西，除了垃圾篓里的，一律不得清扫。但是如此一来，又引发了新的问题，饮料空瓶等废弃物散落在地板上，清洁工也不敢清扫。卢堡又只好向清洁工解释垃圾在这里的概念。

卢堡越来越喜欢和这帮大男孩们在一起工作。她也学会了使用计算机，不过，她的工作仅仅是在电脑上用磁盘为客户拷贝BASIC语言软件或者其他软件。干着这样的工作已经让她极为自豪了。

渐渐地，卢堡熟悉了公司的氛围和每个人的工作习惯。在她的眼里，这个公司更像个学院而不像公司。这里没有大公司当时非常严格的西装革履的着装规定，职员们可以随意穿牛仔裤。如果他们喜欢，也可以把流行海报挂在墙上，或者听摇滚乐，确切地说，年轻的董事长对摇滚乐更加着迷。这里对上班时间也没有严格的限制。有的程序师下午才推开公司的大门，一直工作到晚上，稍微休息一下，吃个汉堡，或者去看场电影，然后接着继续工作到深夜，甚至凌晨才回家。当他们再次来到公司的时候，已经是第二天的中午了。

这种轻松的工作氛围，有利于程序师们进行创造性的工作。但他们对待工作绝不像他们看起来那样随意，他们有着严谨的工作态度，并和比尔·盖茨一样坚信：计算机能改变整个世界。至于改变多少，以什么方式改变，一切都是未知数。

虽然比尔·盖茨是公司的一把手，但是谁也没有他工作辛苦。他有时候废寝忘食到了让人不可思议的地步。卢堡在早上来到办公室时，有时候就会看到这个年轻的老板睡在办公室的地毯上。因为工作顾不上洗澡，衣着邋遢对他来说更是家常便饭。每当他工作很累，需要放松一下时，他就去看场电影，或者驾驶自己的二手跑车，在市郊人烟稀少的公路上飙车，为此他"收获"了许多超速的罚款单。有一次，保罗·艾伦不得不把他从拘留所保释出来，因为他忘记了带驾驶证。

"定居"西雅图

20世纪的70年代是个人计算机大行其道的时代，不同牌子的计算机你方唱罢我登场，"几乎每个星期都有新牌微型机问世"。

但是，在计算机发展之初，各个公司为了求新和保持自己公司的特色，都各自采取一套独立的操作系统。

为了让大家更好地理解操作系统的含义，这里有必要先对操作系统做一个通俗的解释。基本上可以说，操作系统是一个程序，一个介于计算机硬件和计算机用户以及开发者之间的程序，用户通过它来操作计算机，开发者用它提供的接口来编写程序。操作系统大概可算是最重要（也可算是最复杂）的程序，基本上，它决定了电脑使用者能用电脑干什么和怎样用电脑。软件当然是千变万化，不断发展，但无论是在哪一种操作系统下使用的软件，必然受限于操作系统所提供的功能，换句话说，它只能在操作系统画下的圈子里翻筋斗。

在当时的情况下，各个计算机公司由于没有统一的操作系统，软件公司不得不投其所好，为不同的操作系统编制不同的软件。结果，辛辛苦苦耗费了大量的时间编制出来的软件，销售量却不大，因为它们的应用范围很有限。

操作系统统一标准越来越成为许多人的共识。这时，比尔·盖茨的老朋友，也是竞争对手加里·基尔代尔教授为英特尔公司的8080微处理器编制了一套叫作CP/M的微机控制程序，所有的8080微处理器的电脑都可以采用这个操作系统。一时间，几十家公司都采用这套操作系统，基尔代尔也因此获利丰厚。

比尔·盖茨领导的微软公司也看准了CP/M的前景，他们预感到这个操作系统最终将成为一个标准。于是，他们在开发他们的TRAN和COBOL时，首选了这个系统，这使得他们的程序能够被许多计算机所采用，因此软件的销路也相当不错。

微软公司的销售额一路飙升。到了1978年，微软公司的BASIC语言已经在微机语言上占据了统治地位，并推出了第5版，逐渐被社会公认为标准件。微软公司的规模也扩大了，从起初的几个人增加到了十几个人。

比尔·盖茨希望进一步扩大公司的规模。他和保罗·艾伦都觉得，既然已经和罗伯茨没有关系了，他们就没有必要继续留在新墨西哥州的阿尔伯克基。

阿尔伯克基虽然是计算机革命的中心城市，但在风云变幻的计算机市场，许多计算机公司因为经营不善而濒临倒闭的边缘，只有微软一家公司还在坚持着。比尔·盖茨觉得阿尔伯克基这个地方与世隔绝，让人感觉死气沉沉。而且他们发现很难说服一些优秀的软件工程师搬到这个城市来工作，因为它离那些大学和大城市太远了。这让比尔·盖茨下定决心搬离这个地方。

到底搬到哪里去比较好呢？这成了让比尔·盖茨比较犯难的问题。

经过一番思考，比尔·盖茨觉得加利福尼亚是个不错的选择。它位于美国西部，是美国经济最发达、人口最多的州，加之气候宜人、设施优良、交通便捷，它很快就成了计算机世界不容置疑的中心城市。著名的圣弗朗西斯科湾还是摩托罗拉、英特尔和国家半导体的芯片生产中心，旗舰和苹果当然也在那里。微软不应该错过这样的聚会。

对此，保罗·艾伦却提出了反对意见，他觉得迁到遥远的加利福尼亚对微软没有好处。

比尔·盖茨是一个很有主见的人，他不会轻易放弃自己的主张。他试图说服保罗·艾伦。他告诉保罗·艾伦，在加利福尼亚还有基尔代尔教授的数学研究中心。微软公司的程序设计需要基尔代尔教授的帮助，如果两家公司合并为一家，更是美事一桩。万一合并不成，还有别的公司可以合作。

保罗·艾伦并没有被比尔·盖茨激情的演说说服，他有着自己的看法。他开始给比尔·盖茨分析加利福尼亚存在的诸多不利因素。虽然在硅谷雇佣到一个优秀的程序设计师很容易，但是这些人越优秀，就越容易跳槽。工程师稍有不满，只要走到马路对面去，就可以轻而易举地找到一份新的工作。所以说，能否留住人才就会成为一个比较棘手的问题。另外，当这些人跳槽的时候，也会带走公司相应的项目和一些客户，许多公司就因为这样的人一走了之而立刻垮台。这些情况，比尔·盖茨都必须慎重考虑。

保罗·艾伦有条不紊地阐述着自己的想法，比尔·盖茨在一旁静静地听着。

他承认保罗·艾伦说得不无道理，圣弗朗西斯科湾挖墙脚的事到处都有，还有人专门成立了猎头公司，业务做得还不错。但是，加利福尼亚毕竟是计算机行业的中心，怎么能够为了这点危险就放弃这个事业发展的大好机会呢？比尔·盖茨陷入了两难，他在办公室里急促地走来走去。

保罗·艾伦见比尔·盖茨有些松口，便趁热打铁说道："有一个地方能克服以上的不足，比加利福尼亚更为适合，那就是咱们的家乡——西雅图。虽然吸引一些高级人才去西雅图相对去加利福尼亚难一些，但是那里距离华盛顿大学很近。华盛顿大学可是培养计算机人才的基地，我们不愁招聘不到人才。而且西雅图优雅的环境和温和宜人的气候也会让大家干活更有精神的。"

听着保罗·艾伦滔滔不绝的陈述，比尔·盖茨确实有些心动。一想到他的家乡西雅图，他的心里就暖洋洋的。

比尔·盖茨从小就和父母的关系很亲密，一直希望能和父母住得近一些。如果微软能"定居"西雅图，那么自己就能经常见到父母了，父母必定也会非常高兴。而且，微软公司的大部分干将没有几个住在加利福尼亚，大部分都住在西雅图附近。离家近，员工的情绪也就会更加稳定，这是一个不容忽视的地理优势。再者说，从西雅图坐飞机到加利福尼亚，也不过一个小时的路程。

比尔·盖茨经过久久的思考，终于同意了保罗·艾伦的意见。他用满含憧憬的眼神望着西雅图的方向，想起了自己一直以来的夙愿：让每个人家里都摆上一台个人电脑。现在，距离这个愿望的实现越来越近了。

1978年11月的一天，微软公司为了纪念在阿尔伯克基的日日夜夜，照了一张集体照。然后，比尔·盖茨一声令下，全体员工怀着无比兴奋的心情向着大西北的西雅图进发。

手提式微电脑诞生

自从微软公司迁到西雅图之后，故乡的亲切让比尔·盖茨感到心情愉悦。一场盛大的欢迎会之后，微软公司的员工又在比尔·盖茨的带领下不分昼夜地工作。

微软的业务还和以前差不多，销售的产品除了用于微处理器的 BASIC 语言外，还有 FORTRAN 和 COBOL 语言。公司的发展前景也更加广阔了。

1978年3月的一天，比尔·盖茨接到了一个日本人打来的电话。对方用略带生硬的英语自我介绍叫西胜彦，并自称开了一家计算机公司，还负责出版一份计算机杂志，同时也销售计算机软件。出于对 BASIC 语言的兴趣，他很想和比尔·盖茨见上一面。

比尔·盖茨很好奇对方是怎么知道自己的。西胜彦解释说他仔细阅读过关于微软公司的文章，对于比尔·盖茨本人也略知一二。更为巧合的是，他有许多经历和比尔·盖茨一样。这引起了比尔·盖茨的兴趣，他急切地想知道西胜彦的经历。西胜彦告诉比尔·盖茨他今天刚满 22 岁，原本是东京名校早稻田大学的学生，父母希望他学成之后回家经营他们的一所私立学校。但是西胜彦同比尔·盖茨一样，未能满足父母的心愿，半途迷上了计算机，于是就退学开办了自己的公司。

比尔·盖茨惊诧于和对方的诸多相似处，很希望早日见到这个和自己年龄相仿，又有着相似经历的朋友。但他表示目前没有时间去日本，不过 3 个月之后美国有一个全国计算机会议，如果西胜彦能前来参加会议的话，他们就可以促膝倾谈。

几个月之后，在加利福尼亚的一次展销会上，比尔·盖茨和西胜彦见面了。

这对志同道合的朋友在一起热情地拥抱、握手，大有相见恨晚之意，两个人落座之后，足足长谈了达 8 个小时之久。西胜彦向比尔·盖茨侃侃而谈自己对计算机未来的设想。他预测，在不久的将来，个人计算机将像录像机、电视机等电器一样，进入到千家万户，对计算机软件的需求也必然会成为一股滚滚洪流。

这些看法和比尔·盖茨不谋而合。比尔·盖茨也向西胜彦谈了自己对未来的设想，他说他也一直看好计算机的发展前景，并下定决心抓住计算机的灵魂——软件，推动这场伟大的革命，将微软公司发展成世界上家喻户晓的软件发行公司。

两人在很多方面达成了共识，最后，西胜彦自荐担任微软公司在远东地区的代理，并签订了一份简短的合同，达成了一笔超过 1.5 亿美元的交易。

西胜彦在之后的一段时间里，在许多方面给予了比尔·盖茨大力的支持。

微软公司的软件在美国已经占领了广大的市场，它成功地向各计算机制造公司销售了自己的软件。然而，微软公司在美国的生意占不了其全部销售量的一半，另外超过一半的业务却在日本。就像比尔·盖茨自己说的那样："这得感谢那个名叫西胜彦的小伙子。"

在西胜彦的引荐下，日本电气公司的主管渡边先生和比尔·盖茨见了面。

这次见面比尔·盖茨给渡边先生留下了很深的印象。渡边在《华尔街日报》的访问报道中说道："我一直认为不打领带、吃着汉堡、喝着可乐、行事不加拘束的年轻人，才能够真真正正地为个人计算机编制出适用的软件。因为个人计算机是属于当代年轻人的产业。"

这次的会见，让微软公司的业务领域拓展得更宽了。之后，日本电气公司成功推出了他们的第一套个人电脑 PC8001。

比尔·盖茨和西胜彦还应邀出席日本计算机贸易展览会，并在会上就计算机技术的发展前景发表演讲。比尔·盖茨和西胜彦一时间成了日本备受关注的新闻人物。

就像当年保罗·艾伦在《大众电子》发现第一台供个人使用的电脑——阿尔塔计算机一样，一天，西胜彦在报纸上也读到了一条令他无比兴奋的消息，这条消息对以后计算机的发展有着显而易见的作用。消息的内容是这样的：日立公司已经宣布将可显示八行文字的液晶显示器应用于生产。

西胜彦头脑敏锐，观察分析力强，总能在人们不经意的地方发现具有极大价值的东西。他凭着自己特有的敏感，马上就想到如果用液晶显示器来取代装显像管的显示器，计算机的体积会因此大大缩小，一种便携式计算机就有可能制造出来。他把这个想法告诉比尔·盖茨之后，盖茨很欣赏西胜彦的开创精神。如果这个梦想实现的话，计算机就可以小到可以随身携带，这在计算机业绝对是一个非同小可的进步。

两个年轻人为了这个伟大的目标，开始着手微电脑的研究工作。不久，全世界第一台手提式微电脑在比尔·盖茨和西胜彦的共同设计下诞生了。

这大概是比尔·盖茨和西胜彦合作最成功的一次。之后，西胜彦就过起极尽奢华的日子来，他出差时租用私人专用直升机，住最豪华的旅馆，用起钱来像个疯子。

西胜彦就是这样一个有点儿与众不同的人，一方面智慧过人，一方面在生活上却有诸多令人难以理解甚至不能容忍的地方。他这种奢侈浪费的举动让比尔·盖茨很反感，盖茨曾不止一次地劝告西胜彦，但西胜彦依然我行我素。

有一次，西胜彦突然决定花 100 万美元造一只和真实形体一般大小的电子恐龙，用来做推销微软公司软件的电视广告。他认为这种促销手段绝对独一无二，比尔·盖茨曾一再阻止他这种荒诞的做法，告诫他应该把钱花在常规的推销方法上，不必搞这样太离谱的活动，因为这不一定能达到真正的效果。但是西胜彦自有见解，对比尔·盖茨的意见根本未予理睬。

即便是这样，比尔·盖茨还是很欣赏西胜彦的才华。

当微软公司发行的股票即将上市时，比尔·盖茨再次邀请西胜彦来微软工作，并准备给他一笔数目可观的股票，但西胜彦却断然拒绝了盖茨的邀请。他还对别人说："我非常乐意同他共事，但是并不愿意把灵魂出卖给他。"

比尔·盖茨对西胜彦一直都感到十分的惋惜，他说："对一个日本人而言，也许他是我所遇见的最像我的人了，然而，他走过了头。"

传奇人物鲍尔默

在微软公司成立5年的时间里，公司里的职员还都是技术人员，没有管理人员，比尔·盖茨事必躬亲。不管是计算税利、草拟合同，还是指示如何销售微软的产品，都是他一个人亲力亲为。

随着公司规模的进一步扩大，盖茨开始为管理上的琐事而烦恼，这常常使他感到力不从心。他也一直试图找到一个懂公司管理的人来帮自己。

于是，他想起了在哈佛时的同学加赌友史蒂夫·鲍尔默，其实早在微软公司成立之初，盖茨就曾鼓动鲍尔默也辍学去帮他。可鲍尔默回绝了盖茨，他考入了斯坦福商学院继续学业。

1980年，即比尔·盖茨创建微软的第六个年头，盖茨终于聘请到了比自己小一岁的鲍尔默，职务是微软公司总裁个人助理，也就是他的助理。在盖茨自己的游艇上，微软以5万美元的年薪和7%股份的合同聘用了鲍尔默。鲍尔默和保罗·艾伦一起成了比尔·盖茨最得力的左膀右臂，并最终成了仅次于盖茨的第二号最有影响的人物。

从此，鲍尔默开始了他在微软长达二三十年激动人心的职业生涯。

鲍尔默是早期微软公司中唯一的一位非技术受聘者。他对计算机没有兴趣，也不具备计算机方面的专业技术知识，但是他却具有比尔·盖茨最需要的商业经验和社交技巧。

鲍尔默来到微软后，身材魁梧、习惯咬指甲、大嗓门、工作狂的他几乎干遍了所有的部门，其中包括招聘培养高素质的管理人员，管理微软重要的软件开发团队，同英特尔和IBM等重要的伙伴打交道，拓展公司的营销业务，并最终建立了庞大的全球销售体系。

"我历来就是啦啦队长，管理着一群天才。"鲍尔默表示。鲍尔默的天赋之一就是激励才能，他的管理秘诀就是激情管理。无论是在公共场合，还是平时的会谈，或者给员工讲话，他总要时不时把一只攥紧的拳头在另一只手上不停地击打，并以一种激昂的语调爆破出来，以至于他在一次公司会议上由于喊叫得太过猛烈和响亮，导致喊坏了嗓子，不得不进医院动了一次手术。

鲍尔默的出现无疑为微软注入了更多的激情与活力，也使得盖茨终于得以从捉襟见肘的管理状态中逃脱了出来，成了一名专职的技术人员。

性格狂躁的鲍尔默和性格偏内向的比尔·盖茨成为完美组合。微软公司的销售工作在鲍尔默的主持下几乎是一步一个台阶。

和 IBM 签署合作协议

20 世纪 70 年代，个人电脑独占市场的趋势日渐明显。苹果公司也在个人电脑方面大挣其钱。而作为生产大型电脑主机的巨人 IBM 公司也按捺不住市场的诱惑，开始考虑涉足个人电脑。

这里有必要对 IBM 公司作一下简单介绍。IBM 公司也就是国际商业机器公司，或万国商业机器公司，简称 IBM（International Business Machines Corporation）。总公司在纽约州阿蒙克市，1911 年创立于美国，1924 年更名为 IBM，是全球最大的信息技术和业务解决方案公司，业务遍及许多个国家和地区。该公司创立时的主要业务为商用打字机，后转为文字处理机。1951 年，这家公司开始经营计算机。

在计算机界，IBM 在电脑史上的地位堪称泰山北斗，甚至有专家说过，"电脑的历史就是 IBM 的历史"。到了 20 世纪 70 年代，它已经控制了美国 60% 的计算机市场和大部分欧洲市场。1980 年，IBM 公司已经拥有雇员 34 万，在计算机硬件方面也独占鳌头，占据了 80% 以上大型计算机的市场份额。这家受人尊敬的大公司有个外号叫"蓝色巨人"，因为它有数以千计穿着统一蓝色服装的经理。

IBM 公司看准了个人电脑的市场前景，但是其主管部门却并不打算从图纸开始设计自己的电脑，他们打算走捷径。他们相信时间就是财富，只要看准了市场就要快速出击。他们的决策就是使用其他公司已经生产出来的部件来组装自己的个人电脑。电脑组装完成后需要软件程序，于是，他们开始考虑选择合适的软件开发商。

微软公司自创立之日起，产品销售额每年翻一番的突出业绩引起了 IBM 公司的注意，而且微软公司的技术得到了社会上广泛的承认。于是，他们决定派人去访问微软公司，让微软公司为其即将推出的微型计算机制作软件。

1980 年，对微软的企业发展来说无疑是具有划时代意义的一年。一天，IBM 公司将电话打到了微软，告知比尔·盖茨 IBM 公司将有两个特使前来拜访。

这个电话让比尔·盖茨激动万分。虽然他尚不清楚 IBM 公司特使来微软公司拜访的真实目的，但是他隐约感觉到这次拜访将对微软产生非同小可的影响。

为了迎接这个历史性的时刻，比尔·盖茨取消了一个重要的约会，叫来鲍尔默和他一起去会见特使。这么重要的会面无论如何也少不了鲍尔默这个擅长谈判的专家。

比尔·盖茨还脱下了一向酷爱的圆领衫、牛仔裤和运动鞋，换上了正式的西装和皮鞋。

等见到 IBM 特使之后，对方的一个做法让人觉得非常不可思议——他们要比尔·盖茨在谈判前先签署一个协议。协议的内容大概是，保证不泄漏谈判的任何内容，同时微软公司的人也不得向 IBM 公司的代表谈自己公司的任何机密，比方说对某软件的设计构想等。IBM 这样做的目的是为了避免以后发生纠纷。最苛刻的一点是，微软公司保证永远不得对 IBM 公司提出法律诉讼。

尽管这样的做法让人觉得有点奇怪和神秘，但是比尔·盖茨的法律知识告诉他，签署这样的协议并没什么不妥，于是，他不假思索地签上了自己的大名。

接下来的会谈内容很简单。IBM 公司的特使向比尔·盖茨提了一些奇怪的问题。诸如微软公司生产些什么软件，家用电脑的哪些功能最重要等。临别，IBM 公司的特使还告诫比尔·盖茨："别给我们打电话，我们会给你们打电话的。"

比尔·盖茨彻底被这个大公司的古怪行为搞晕了，不过，有一点他很清醒：肯定有什么大事将要发生了。

之后不久，IBM 公司又派人和比尔·盖茨进行第二次会谈。这次 IBM 公司的意向非常清楚，他们希望微软公司为其即将推出的微型计算机设计适合运行的软件，包括 BASIC、FORTRAN、COBOL 等语言，还必须要在 1981 年 4 月前编写出 BASIC 语言。

比尔·盖茨一听，顿感失望，因为微软公司生产的各版本FORTRAN、COBOL 语言，都必须依靠几乎已经成为市场实际标准的 CP/M 操作系统。这个系统的实际研发者是位于加利福尼亚的数字研究公司，而不是微软公司。所以，比尔·盖茨只好向IBM 公司说明，这个系统的所有权不在微软公司，而是在数字研究公司。

随后，比尔·盖茨还非常大度地表示，可以介绍数字研究公司的老板基尔代尔教授和 IBM 公司代表认识。虽然他知道这样一来将意味着微软公司失去了自开创以来最大的一单生意，但是他并不后悔，因为他知道，和 IBM 公司这样一个声誉卓著的大公司打交道，高尚的商业品行也是至关重要的。

基尔代尔教授前面已经提过，他既是比尔·盖茨的朋友，也是竞争对手。他智慧超群，不像一位商人，倒更像一位学者。他对办实业并不像比尔·盖茨那样投入。

这位教授在计算机软件方面做了许多研究工作。他编写的 CP/M 程序非常成功。后来，他在妻子的鼓励下组建了一个专门出售 CP/M 程序的公司。这就是我们在前面一再提到的数字研究公司。

IBM 公司在比尔·盖茨的引荐下来到了数字研究公司。当时正值基尔代尔教授出差在外，接待 IBM 公司代表的是他的妻子。她首先不愿意在会谈开始之前的协议上签字。数字研究公司根据来访者的神秘举动而怀疑他们的动机，认为这有可能使数字研究公司吃亏。IBM 公司的代表一再解释，这只不过是一个官样文章，用于防止与 IBM 进行技术内容谈判的公司控告 IBM 公司剽窃。但是，无论 IBM 公司代表如何解释，就是无法消除数字研究公司人员的疑虑。最终，IBM 公司代表对他们的怀疑非常不满，拂袖而去。

基尔代尔教授出差回来后认为，签署这样的一份协议是没有问题的，但是，当时数字研究公司正忙于和惠普公司谈判，无暇顾及 IBM 公司。基尔代尔教授除了和惠普公司谈判外，考虑最多的还是同夫人一起去海边度假。

IBM 公司对数字研究公司的拖延行为极为不满。也许，历史注定了要把这个好机会落在比尔·盖茨身上。IBM 公司等得很不耐烦，最终，又回头去找比尔·盖茨。

IBM 公司除了购买微软公司的 BASIC 语言等软件外，还要求比尔·盖茨为他们设法找到或者写出新的操作系统以取代 CP/M 操作系统，从而满足 IBM 公司的要求，否则就取消其购买微软公司 BASIC 语言的协议。

比尔·盖茨不知道接受此项目是福还是祸，但是有一点他明白，这对微软来说千载难逢。微软公司无论在规模还是社会影响力方面，都不能与 IBM 公司相提并论，微软公司没有选择的余地，比尔·盖茨只得接受 IBM 的协议内容。

于是，比尔·盖茨决定开始着手研发新的操作系统。按照公司的计划，这套操作系统需要一年左右的时间投入大量的人力才能完成。可是 IBM 公司等不及，它要求微软公司务必在几个月的时间内完成研发工作。

这对微软公司来说根本无法实现。正在比尔·盖茨犯难的时候，一套名叫 QDOS 的操作系统进入了他的视线。

QDOS 操作系统是西雅图一家计算机产品公司于 1980 年 10 月推出的产品。它是为 8086 微处理器开发的 16 位操作系统，但是它错误百出，并不完善。可比尔·盖茨考虑将它加以修改后，就可以达到 IBM 公司的要求。

有了这个大胆的想法后，比尔·盖茨让保罗·艾伦出面，花了 10 万美元从开发者帕特森手里买下了这个软件的使用许可证。

虽然 QDOS 操作系统存在许多瑕疵，但是微软公司有了这个操作系统作为基础，大大节省了设计软件的时间。

在经过仔细斟酌之后，比尔·盖茨和保罗·艾伦飞往迈阿密，准备向 IBM 公司提交可行性报告。在这里，还发生了一小段有趣的故事。

据说，比尔·盖茨在迈阿密下飞机后，忽然发现自己忘记打领带了。他深知见 IBM 这样的大公司，衣着得体十分重要，也是一个不可忽视的细节，在那样的场合穿西装不打领带，显然是不礼貌的。于是，比尔·盖茨灵机一动，匆忙到路边的商店买了一条领带。

在同 IBM 公司技术人员持续一整天谈判的过程中，对方除了对技术问题严加"盘问"外，还提出了各种各样稀奇古怪的问题。例如："像你这样的人，你们公司还有几个？"

比尔·盖茨耸耸肩，习惯性地扶了一下眼镜框，从容地答道："可以说我们公司的每个人都这样。"然后，他又摊开手，补充道："我是我们公司里学历最低的，只上过一年大学。"

最后，IBM 公司的代表问道："那么，你认为微软公司对此事有把握吗？"

比尔·盖茨露出天真的微笑，爽快地答道："如果没有把握，我就不会坐在这里了。"

尽管比尔·盖茨对自己在谈判中的表现比较满意，但是能否与对方签订合同，还取决于 IBM 公司的高层决策者，毕竟让一家实力雄厚的大公司相信一个只有几十个人的小公司不是一件容易的事情。

幸运的是，IBM 公司的新任董事长约翰·奥佩尔曾经与比尔·盖茨的母亲玛丽一起做过联合道路公司的董事会董事，对玛丽的人品和修养印象颇深。当他得知微软公司的老板就是玛丽的儿子时，他认为比尔·盖茨的人品是可以让人信赖的。这一关系在一定程度上促成了 IBM 公司与微软公司签订合同。

1980 年 11 月 6 日，微软公司和 IBM 公司正式签订了共同研制个人计算机的合同。谁都没有料到，这一刻意味着 CP/M 操作系统将退出历史舞台，而由IBM公司支持的微软公司即将推出的操作系统将上演新的传奇。这个操作系统就是后来闻名遐迩的"MS-DOS"。

秘密的研发过程

按照合同规定，微软公司的研制期限非常有限，而且要求微软员工要严格保守秘密，因为这会涉及重要的商业机密。为此，IBM公司还制定了严格的保密标准。比尔·盖茨和他的同事们都被集中到西雅图国家银行大厦8楼的一间微软公司办公室工作。为了防止泄密，IBM公司还对他们进行严格的封闭式管理，包括不准随便开门，一切有关这个项目的资料都不能带出房间等。

IBM公司的要求甚至达到了苛刻的程度，他们专门安装了一种保险箱，用来放置秘密材料。还派人在天花板上装铁丝网，以防有人从屋顶上进入房间。房间里没有窗户，也没有空调设备，有时候夏天的气温会高达38℃。IBM公司还要求不准开门，并会多次进行安全检查，这让微软公司的员工们苦不堪言。据说，有一次，微软公司的人终于忍不住了，正在开门通风，被检查人员抓个正着，受到了警告处分。

虽然一般人对这种管理手法都会难以适应，但是微软公司的人知道，商场如战场，没有任何情面可讲，泄密就等于自杀，所以，他们也只好遵命了。

为了能如期完成合同规定内容，微软雇请了经验丰富的蒂姆·帕特森来协助设计操作系统。由于保密工作做得好，蒂姆·帕特森在很长一段时间里，都不知道微软公司是在为谁研制软件。有一次，他接到了 IBM 公司打来的电话，询问有关 DOS 的情况。他觉得很奇怪，便问对方是谁，对方突然意识到情况不对，便支支吾吾搪塞了一下，匆匆挂了电话。

为了和 IBM 公司加强联系，在西雅图和 IBM 公司当时所在地博卡拉顿之间，除了邮件往返不断外，微软还建立了一条"热线"，也就是一个电子通信系统。比尔·盖茨还时不时地去博卡拉顿出差。为了补充体力，在飞机上睡觉成了比尔·盖茨经常做的事情，下飞机后，他会马上精力充沛地投入到紧张的工作中。也许，比尔·盖茨飞机上睡觉的习惯就是在那个时候形成的。

其实在签订这个合同之前，比尔·盖茨就怀疑在规定的期限内是否能完成这项工作。但是机遇就在身边，比尔·盖茨明白无论如何也要奋力一搏，于是，他决定冒险一试。

比尔·盖茨和微软公司的全体员工们自始至终都承受着来自 IBM 公司的巨大压力，抢时间加班加点地工作。那段时间，周围人都感觉微软的这伙人似乎从世界上消失了，微软的员工们不仅放下了冬天去滑雪的传统爱好，就连去参观史无前例的航天飞机发射这样鼓舞人心的事情，也差点儿难以实现。最终，比尔·盖茨没有经住一些员工的软磨硬泡，答应如果他们提前完成一部分工作，就允许他们去看航天飞机发射。大家加班加点，通宵达旦地干了 5 天，终于获得了批准。比尔·盖茨和保罗·艾伦也在同事的劝说下一同前往。

在经过了紧张而浩繁无比的工作之后，微软公司的任务终于如期完成。

虽然完成任务的过程历尽艰辛，但是它也让微软在这个过程中获得了成长。微软公司从 IBM 公司那里学到了很多的东西，IBM 公司的工作方法对微软公司采用的标准产生了重大影响。微软公司的软件在 IBM 公司要经过先进方法的严格测试，比尔·盖茨本人都觉得这种测试近乎残酷。但更为残酷的是，为了考验软件的质量，他们还会把软件送给许多特定的用户使用，以便能找到一些隐藏得更深的错误。这样的测试往往要持续几年的时间。微软公司注意到了 IBM 公司的这个做法，便逐渐改善了公司产品的质量检测、计划编制以及安全措施等系统的一系列做法。

1981 年的一天，微软公司得到正式通知，IBM 公司不久将发布新一代个人电脑问世的消息。公司全体员工高兴得手舞足蹈，他们互相祝贺、握手，并相拥一起去西雅图的一家豪华酒店庆祝这一盛事。

虽然初战告捷，但是他们的操作系统还需要改进，还没有取得最后的胜利。

在操作系统的研发方面，比尔·盖茨提了两个比较高明的建议。一个是建议 IBM 公司设计制造的个人计算机能使用 16 位微处理芯片 8088。这是一个非同小可的进步，它使得个人计算机从玩具水平提高到了作为商业工具的应用水平。比尔·盖茨的第二个建议更加明智，他建议 IBM 公司采取开放式设计，让其他公司可以仿制，为的是建立一个新的计算机标准。比尔·盖茨深知，当人们知道了一个操作系统的技术细节之后，就很容易为这个系统设计软件，这样使得为其开发软件变得十分方便。事实也证明了比尔·盖茨的观点，不久后，市场上就出现了数千种这样的软件。

那么，比尔·盖茨为什么一反以往谴责盗版的态度，而主张公开软件的秘密呢？因为在这件事上，他看到阻止盗版何其困难，于是他选择反其道而行之，既然打击盗版不可行，那么就变被动为主动，先行公开软件的秘密，这样，当这个操作系统被广泛复制成为一种事实标准后，一般就不再会有人去设计另外的操作系统了。比尔·盖茨这一招可谓用心良苦啊！

作为 IBM 这样的大公司，也不会只押注在一个操作系统上。除了微软公司开发的 MS-DOS 操作系统外，还有两个操作系统可供 IBM 公司选择。微软公司当然希望 IBM 公司能选择使用 MS-DOS 操作系统，为了达到这个目的，他们做了许多努力。首先，还是着眼质量，他们让 MS-DOS 操作系统在质量上比其他同类产品略胜一筹，而且帮助别的公司编写以 MS-DOS 操作系统为基础的各类软件；其次，他们让 MS-DOS 操作系统变得物美价廉，让它在价格上更具竞争力；最后，微软公司不惜以低廉的一次性费用，让 IBM 公司使用这个操作系统，这样做的结果是，IBM 公司仅以 60 美元出售这个系统，而以更高的价钱出售其他的两个操作系统。使用者当然更倾向于价位低的产品，MS-DOS 操作系统销路大畅，微软公司的营销策略取得了初步成功。

比尔·盖茨棋高一招的地方还体现在，他并没有让 IBM 公司买断 MS-DOS 操作系统，微软公司可以授权其他公司使用此软件，并收取使用费。这样，一个依靠微软操作系统软件的"IBM 兼容"的新兴电脑产业得以形成。

如果说 IBM 公司当初制作个人电脑有着投机取巧的成分，那么其他的电脑制作商为什么不能这样做呢？于是，这些公司纷纷仿效 IBM 公司的做法，用现成部件组建个人电脑，制成与 IBM 公司相似的电脑，一般称之为"IBM 兼容机"。这种兼容机也需要软件，比尔·盖茨早就比别人提早看到了这一点。在销售模式上，比尔·盖茨玩起了老一套。他用出售产权使用证的方式与这些电脑生产厂家签订合同，随时提供 MS-DOS 操作系统和其他软件产品。版权使用费开始从遍布各地的电脑制造商那里源源不断地流入微软公司。

比尔·盖茨曾经说过："我们的目的不是要直接从 IBM 公司那里赚钱，而是以出售 MS-DOS 操作系统的产权使用证来盈利。有的计算机公司想要提供或多或少与 IBM 公司计算机兼容的产品，我们就把 MS-DOS 操作系统的产权使用证出售给这样的公司。IBM 公司虽然可以免费使用我们的软件，但是它对未来的升级版软件并不能享有独占使用权和控制权。"

这样，IBM 公司权衡利弊后，放弃了对其他两个操作系统的升级版本。

最终，比尔·盖茨得偿所愿，MS-DOS 操作系统成了 IBM 个人电脑和兼容机的标准操作系统（只有苹果牌电脑使用自己的操作系统）。

和 IBM 公司的合作，使盖茨为微软赢得了发展壮大的机会，也为其开发软件产品的畅销创造了良机。但是，在整个过程中，有一个问题一直让比尔·盖茨很担心，那就是购买西雅图计算机产品公司的 QDOS 操作系统的问题。这犯了和 IBM 公司一样的"错误"，是一次版权的不完全转让。因为按照当时保罗·艾伦和开发者帕特森签订的协议，西雅图计算机产品公司仍然保留着将这个软件销售给其他公司使用的权利。这无疑是一个隐形炸弹。于是，比尔·盖茨让保罗·艾伦给西雅图计算机产品公司的老板布洛克写信，希望能得到 QDOS 操作系统的完全转让权，好全面对付数字研究公司。由于保罗·艾伦是这家公司的老熟人，而且布洛克也没觉得这件事有什么不好，就同意签署协议。

但是，当布洛克看到微软公司律师草拟的合同文本后，他才知道微软要求出售这个软件的专利权。当然，微软公司给出的条件也非常诱人，允许西雅图计算机产品公司继续使用这个软件，而且今后也可以免费使用它的升级版本。不过，比尔·盖茨在法律文本上做了一个小小的改动，把原来要求的唯一使用权改成了所有权。作为商人，布洛克仔细分析了合同后得出结论，签订这样一份合同对他并无损害，相反，他还可以白白得到一笔收入，而且他也并没有失去这个软件的使用权。再说，他对 QDOS 操作系统也没有多大信心。其实，当时微软公司做这一切的时候比较保密，布洛克根本就不知道微软公司为什么要这样做，更不知道微软公司在和著名的 IBM 公司一起干一件非比寻常的大事。协议签署完成后，比尔·盖茨终于如释重负，他很得意自己利用法律为微软公司解除了隐患。

微软公司同西雅图计算机产品公司签署 QDOS 操作系统的完全转让权协议之后，仅过了 16 天，即 1981 年 8 月 12 日，IBM 公司就在纽约宣布新型个人计算机问世，并展出了它的第一台样品。IBM 公司展出的这台机器带有一个磁盘驱动器，只有 16K 内存，初步标价为 1565 美元，通过拍卖，价格升到了 6000 美元。但是这台机器随机提供的应用程序却不多，仅包括一个普通的扩展表格程序，一个字处理程序，其最具关键性的操作系统这时还没有推出。因此，IBM 公司通知微软公司，加速开发 DOS 的新版本。

保罗·艾伦离开微软

正当微软公司事业蒸蒸日上、欣欣向荣的时候，这家公司老资格的软件专家，公司的缔造者之一——保罗·艾伦，却因为癌症选择悄然离去。

早在 1982 年的时候，保罗·艾伦就已经病得不轻了。那时候，他和几位同事正在法国巴黎进行商业旅行。他突然觉得自己好像在发烧，就不得不向同事们表示歉意，独自回到酒店。他感觉他的病恐怕要比感冒之类严重得多，所以他想休息几天再继续旅行，但几天后病情并没有好转，他只好终止这次旅行。

保罗·艾伦去医院进行了几次诊断，结果表明，他有癌变的迹象。医生建议他立即停止工作，进行化疗和放射性治疗。为了保命，他遵医嘱停止了工作，进行化疗和休养。

保罗·艾伦身为微软公司的创始人之一，对微软的贡献功不可没。

在创业的道路上，微软公司的两位创始人比尔·盖茨和保罗·艾伦自始至终配合默契。艾伦酷爱技术，专注于微软的新技术和新理念；盖茨则擅长商业，集销售员、律师、商务谈判员、技术负责人等于一身。艾伦早在微软公司创立之前就显示出了足够的远见，正是基于对技术的敏感，他一再鼓励盖茨退学，一同创办公司，开创一番事业。同样是基于对技术的痴迷，他和盖茨才使得 BASIC 语言得以诞生。MS–DOS 操作系统是微软开始走向世界软件业的第一品牌发家宝，这也与保罗·艾伦的贡献密不可分。如前文所说，正是保罗·艾伦说服了西雅图计算机产品公司的老板布洛克，微软才得到了 QDOS 操作系统的完全转让权。他和比尔·盖茨把这个软件完善后，再返销给了 IBM 公司，从而奠定了微软公司走向辉煌的基础。可以说，保罗·艾伦是比尔·盖茨创业道路上的最大推动力。

保罗·艾伦和比尔·盖茨都是电脑天才，但性格迥异。保罗·艾伦的个性更为内敛，在忙碌过后，他比较愿意享受一些清闲的生活，特别是成功之后的愉悦。保罗·艾伦还是一个超级球迷，具备球迷所特有的狂热和执着，从不放过任何一场西雅图超音速队的 NBA 比赛。比尔·盖茨虽然也曾有过一些业余爱好，比方说打桥牌，但从没有像保罗·艾伦那样自始至终，专一不二。比尔·盖茨总是不断地追求事业上的发展，充满竞争的活力和奋进的勇气，一刻不曾停止过追逐的步伐。作为典型的工作狂，盖茨甚至可以每天工作长达 14 小时，经常忙得不可开交。而保罗·艾伦倒宁愿去拨弄一下他喜爱的吉他，看看引人入胜的科幻小说。由于这种性格上的迥然不同，有的人甚至传言保罗·艾伦同比尔·盖茨的关系不那么融洽，说保罗·艾伦宁可通过电子信箱与比尔·盖茨商讨问题，也不愿意去同他面对面地谈谈他们之间的分歧；还说保罗·艾伦相当一段时间都没去过比尔·盖茨的办公室，有事总是由鲍尔默代劳；等等。

不过，对于这类说法，保罗·艾伦总是坚决予以否认。他把这些臆测通通称之为胡说八道，对公司里这些流言蜚语大为愤怒，甚至感觉自己受到了伤害。即使在他发现癌症，接受化疗期间，他也仍然在坚持工作，难道这还不能说明问题吗？当然，那时候他已不可能全身心地投入工作，不能在工作上花费太多的时间了。加之他性格内向，是个极重隐私的人，所以他没有把自己的病情告诉微软公司的朋友和同事，人们完全不知道他已患上了癌症。这或许正是引发误解的原因之一。

当然，在工作上，保罗·艾伦与比尔·盖茨并不是没有矛盾和分歧，有时候他们也会在决策或技术问题上发生争执。但无论是保罗·艾伦还是比尔·盖茨，都从不把这种分歧和矛盾当一回事。有矛盾和分歧，才有争论和探索，才有事业的进步与发展。他们都认为这样的不愉快无关紧要，重要的是辨清情况，让公司不至于走上歧途，这才是共同的利益所在。

病魔使保罗·艾伦不能再继续工作下去了，他不得不离开公司。他自知来日无多，便希望在离开繁重的工作之后去享受一番人生的乐趣。

1983 年，保罗·艾伦终于离开了服务长达 8 年之久、每周工作 40 小时以上、极少有节假日的工作岗位。随后，他与朋友亲属一道周游了整个欧洲大陆。而他的癌症竟然奇迹般地有所好转，一直没有复发。在康复后，他重出江湖，但这次他将精力转向了自己的其他爱好，例如，在摇滚乐队担任吉他手，还出版过唱片。他不仅拥有自己的篮球队"波特兰开拓者队"及软件公司，还在美国在线公司中拥有相当大的股份。当然，这些都是后话。

微软公司这位软件开发大师，就这样默默地退出了他的活动舞台，比尔·盖茨也失去了事业中最重要的合作伙伴之一。

好友的患病和离去让比尔·盖茨甚感失落，但是他知道自己不能被挫折压倒。他是公司的头儿，责任重大，还要继续领导公司运转，数百人还有赖于他的指挥。这些压力使比尔·盖茨精神极度紧张，一度患上了失眠症。

微软公司的飞跃

软件风云

MS-DOS 操作系统的成功研发，使 IBM 公司业绩倍增，订单像雪片一样飞入 IBM，尽管 IBM 一再扩大工厂的生产规模，还是不能满足市场的需求。

而以往实力雄厚的惠普、德州仪器、施乐等公司，在计算机市场纷纷落马，因为他们的机器在兼容性方面根本无法和 IBM 公司相匹敌。

IBM 公司的成功，让美国计算机市场的竞争进入了一个全新的阶段。伴随着 IBM 公司的一炮打响，微软公司也声名大振，他们生产的 MS-DOS 操作系统成了计算机行业举足轻重的软件。

比尔·盖茨更为微软订立了两个目标：一个是为个人电脑的使用者研发产品，还有一个是培育国际销售能力。为了实现这些目标，他建立了微软出版社，出版和发行怎样使用微软软件的指南及手册，以帮助个人电脑使用者更好地运行软件；他还建立了若干的办公室，针对日本、欧洲和澳大利亚市场，给一些公司发放销售软件产品的许可证；他还建立了客户服务部……微软以惊人的速度急剧扩张。

伴随着微软的飞速发展，问题也随之而来。IBM 公司开始向外界表明态度，欢迎其他软件公司加入进来，并完全公开了产业标准规格，以便为那些希望为 IBM 的个人电脑开发附加卡的公司提供依据。IBM 公司希望与别人一起探讨软件的开发问题，并鼓励自己的员工利用业务时间开发软件。

IBM 公司的做法无疑使软件市场的竞争变得异常激烈。为了在竞争中占据优势地位，微软公司丝毫不敢懈怠，相继开发出了 FORTRAN、PASCAL 语言、一个惊险游戏软件和一个打字程序。

微软公司还在原来 MS-DOS1.0 的基础上，开发出了一种双面可读写的磁盘新版本 DOS1.1，这使得磁盘容量大大增加，由原来单面的 120K 增加到 320K。

微软公司在新产品上下足工夫，别的公司也不甘落后。微处理公司首先成功地开发出了一套名为"文字之星"的编辑软件。紧接着，可视公司开发出了一套名为"VisiCalc"的财务软件，备受推销商和财务人员的好评。

"文字之星"一上市，就受到广大电脑用户的推崇，销售量巨大，微处理公司因此获利丰厚。这款软件很快就发展成为大多数办公用和个人用计算机的必备软件。

而"VisiCalc"财务软件也一度成为最受全世界经理人欢迎的管理必备软件，个人计算机也因此得到进一步的普及。

比尔·盖茨感到，如果不能尽快研制出一种能够超越"文字之星"和"VisiCalc"的软件产品，微软的市场将会被大量抢夺，公司的发展也将受限。

比尔·盖茨陷入了深深的思考，他很快发现了这两种流行软件最致命的缺点，即它们受操作系统的限制。"VisiCalc"只能在苹果机的操作系统上使用，可视公司随后又推出的一款软件也只能在 CP/M 操作系统上使用。如果微软公司能生产一种软件，既可以在 CP/M 操作系统和苹果操作系统上使用，又能在当时流行的一切操作系统上使用，那么，微软公司所担忧的问题就迎刃而解了。

多计划菜单软件问世

比尔·盖茨知道，要想超越就必须有所突破，否则，面对异常激烈的竞争，只有死路一条。为此，比尔·盖茨把搜寻人才的目光瞄向了施乐公司在硅谷的计算机研究中心 PARC。

众所周知，PARC 是电脑发明的大本营，以微软当时的实力，要想从第一流研究中心挖走其中任何一位恐怕都很困难。哪知天遂人愿，一位博士级程序大师查尔斯·西蒙尼主动投向了微软。

西蒙尼经人介绍来到微软公司，仅仅与比尔·盖茨交谈了 5 分钟，他就毅然做出了"跳槽"的决定。西蒙尼后来回忆说："看到比尔，我就感到遇到了难逢的良机。"虽然在后来他也同其他公司的总裁接触过，但是他发现只有比尔·盖茨的观点卓尔不群。他预感到微软公司开发的软件必将对整个产业产生巨大冲击，在那里，他将真正大有作为。

与其说西蒙尼选择了微软公司，不如说是因为他和比尔·盖茨诸多相似的经历和对软件开发相同的看法而走到了一起。西蒙尼生于匈牙利布达佩斯一个电子学教授之家，中学时代他就酷爱电脑科学和数学，和比尔·盖茨一样，堪称电脑神童。1972 年，他被美国施乐公司计算机研究中心 PARC 录用。由于公司靠近著名的斯坦福大学，西蒙尼一边工作，一边到学校攻读博士学位。西蒙尼在 PARC 研究中心做出过不少引人注目的成绩，他设计的阿尔托计算机曾激发苹果公司的总裁乔布斯研制出麦金塔电脑。PARC 研究中心和斯坦福大学合作，研发了一种新工具——鼠标。西蒙尼对鼠标非常熟悉，他所研制的阿尔托计算机使用的"字处理程序"，就是第一个用鼠标的软件。受阿尔托计算机的启发得以产生的麦金塔电脑在当时流行一时。麦金塔电脑的使用者只要移动鼠标，在显示屏幕上点击很小的图像就可以操作电脑，而不需要去记住非常繁复的指令。

　　这种电脑也激发了比尔·盖茨开发视窗。比尔·盖茨相信，"图形用户界面"才是打开未来电脑大普及的钥匙。比尔·盖茨将开发和改进应用软件的重任压在了查尔斯·西蒙尼的身上。

　　事实证明，西蒙尼的到来，对微软开发电子表格和文字处理软件起到了关键作用。西蒙尼到职后，首先承担了微软电子表格项目主持人的重任。比尔·盖茨把构想中的软件命名为"Multiplan"，即"多计划"，它必须具有多窗口操作和多重用途。西蒙尼在"多重规划"上的最大贡献是推出了一种全新的软件使用方法——"菜单"方式。这种方式给了用户一个简单方便的操作环境，也为后来诸多应用软件提供了一种设计典范。

　　早期的计算机使用者都知道，为了开启软件的某个功能，必须首先输入一些指令，并且在输入的时候不能打错一个字母。于是，熟记这些难写的指令就成了让人相当头疼的事情。如果没有经过专业方面的训练，用那种传统的方式使用计算机，相当不方便。你在屏幕上看不到你所需要的指令，也不能判断你输入的指令在执行过程中是否正常，这在计算机行话里，被叫作"界面不友好"。这在一定程度上也限制了计算机的发展和普及。

西蒙尼的"菜单"成功攻克了这个难题。他开发的多计划菜单出现在屏幕的下部，各种指令用简单易懂的文字表示。如果你用鼠标选择打印这个功能，软件立刻就打开一个次级菜单，提供详尽的项目，让你做进一步的选择。如果你想放弃这次的操作，只要按 ESC 键，屏幕就会退回到此前的界面。

西蒙尼用一个形象的比喻来说明"菜单"的来由和意义。他说："我喜欢举在餐厅点菜的例子来说明什么是菜单。假如我到一家法国餐厅用餐，但我不会说也不懂法语，对周围的环境也十分陌生，心里忐忑不安，害怕自己出洋相，非常紧张。这时来了一位女服务员，用法语跟我打招呼，我会突然感到双手冰凉，不知所措。可能，一名会计坐到计算机跟前的时候，就会产生那样的感觉……怎么办呢？此刻，假如有人给我一份菜单，那问题就解决了。我完全可以指着菜单点菜，即使点的不是我想要的东西，也没关系，哪怕点的最后一道菜是蜗牛，也不至于使我尴尬。但是，设想一下，假如你进了一家法国餐厅，那里却没有菜单供你点菜，你需要用法语告诉女服务员你想要什么，那就很麻烦了。在计算机的程序方面，情形也是一样的。你必须要有一份菜单，菜单是友好的，使用者只要用鼠标在他要选择的东西上面点击一下，就能选出他所需要的东西……"

西蒙尼开发的多计划菜单还具有其他一些颇具特色的功能。

当微软公司把这套多计划菜单软件交给 IBM 公司的时候，并没有引起 IBM 公司的重视。但比尔·盖茨对这套软件寄予厚望，在接下来的时间里，微软公司推出了适用于苹果机的多计划软件，没过多久，又发行了 CP/M 版。比尔·盖茨还对外宣布，只要会使用计算机，就能够使用这套软件。

这套软件也受到了新闻媒体的高度评价。《软件评论》杂志把它评为同类软件产品中的最佳选择，介绍它功能强大、易学易用。该杂志还说，"多计划软件似乎是专为取代 VisiCalc 软件的位置，为独领市场风骚而设计的"。《世界周刊》杂志也评选这套软件为"年度最佳软件"。

比尔·盖茨时代宣告诞生

1981 年，微机的生产和应用有了巨大的发展，它开始从少数人的家中走向千家万户。人们不仅仅可以用电脑来玩游戏，更希望可以利用电脑来处理更多的事务，解决更多的问题。美国人和越来越多的发达国家的人们，都感觉到他们在不知不觉中已经面临着一个信息的时代。喜欢搞民意调查的美国新闻界进行了问卷调查，问人们是否希望不久的将来拥有一台家用计算机，结果是80% 的人都有这个愿望。

当时有人做了一个大胆的预言，说到 20 世纪末，全世界个人计算机的拥有量将达到 8000 万台。但是这位大胆的预言家对未来的形势估计还是太保守了。到了 1991 年，仅微软的 DOS，就已经有 8000 万套在 IBM 的个人计算机上使用，还有不知多少其他品牌的计算机在全世界运作，而且这个数量还在与日俱增。

美国的《时代》周刊是一个具有近百年历史的老资格新闻周刊，它在每年都会评选出一位新闻人物，并在次年元月的封面上刊登出来。这一传统在美国已经持续了好几十年。每年评出的新闻人物不是政界要人，就是科学巨匠。这份杂志每次评选的封面人物几乎都是众望所归，很少有人对此提出异议。这一做法在一定程度上反映了当时那个时代的风云所向。

1982 年，《时代》周刊评出的"风云人物"出乎广大读者意料。它不是某一时代人物，而是一台微型电子计算机！

《时代》周刊以一台机器作为评选出来的新闻人物，可谓是别具匠心。杂志主笔奥托·弗雷德里奇先生对这位"封面人物"作了富有激情的介绍：

"在整整一年的新闻中间……最有意义和最吸引人的话题，并非一个单独事件，而是代表了一个发展进程，一个不断发展并且被广泛接受的、备受欢迎的进程。同时，这个进程还影响到其他各个领域。它创造了新的历史。所以，《时代》在当今风云激荡的世界上选择了这样一位新闻人物。当然，它并不是一位什么人物，而是一台机器，一台个人计算机。"

奥托·弗雷德里奇先生在文章中也提到计算机发展中不无遗憾的一些事实，其中最主要的一点是软件的匮乏。计算机用户数量疯涨，对软件的需求自然大为急切。用户需要更多质量更好的软件，以适应各种不同的环境和要求。没有软件，计算机只是一个摆设；软件不丰富，计算机也无法发挥它的作用。由于软件开发的迟缓，计算机的使用范围受到极大的局限，人们购买计算机的热情自然也就受到限制。计算机，只有当它具有更多的性能，具有更大的用途时，才能拥有更多的消费者。

《时代》的新闻人物评选和奥托·弗雷德里奇先生的富有煽动性的文章，一方面大大地张扬了微机的功能，使更多的美国人对它发生兴趣并对使用它跃跃欲试，另一方面，也尖锐地指出了微机普及所面临的最迫切任务：研发软件。

软件的缺乏和计算机热之间的矛盾早就引起了比尔·盖茨的极大关注。他在一次接受采访时说："尽管现在有许多软件出现，但大多不容乐观。我们没有对软件的标准和质量进行严格的管理和控制。我就曾买到过根本不能用的软件。"

虽然事实如此，但他对软件的前景仍充满了信心，他强调说："两年之后，我们要推出能真正满足消费者需要的软件。现在的软件太糟糕，太难使用，而且性能单一。不过这一切正在得到改善。"

1982 年，比尔·盖茨 27 岁，他在软件开发方面取得的成绩令世人瞩目。这一年，美国有名的《金钱》杂志选用他的照片做了封面。

据说，比尔·盖茨的秘书卢堡看到照片后非常高兴，她把这一期的杂志发给微软公司的每一位雇员，可比尔·盖茨却认为照片拍得太显年轻了，像个 19 岁的顽童。其实，比尔·盖茨因为长得比他看起来的年龄要小，还遇到过小小的麻烦呢。有一次，他同包括卢堡在内的几个雇员去餐馆吃饭，比尔·盖茨要了一杯啤酒，可女招待却怀疑他不满 20 岁，没有达到法定饮酒年龄，要他出示身份证，这让比尔·盖茨感到很不舒服。

《时代》周刊把一台家用计算机作为"新闻人物"与比

尔·盖茨作为《金钱》杂志的封面人物都表明：比尔·盖茨已经成为高科技精英的象征符号。正如杂志评价所说："你可以喜欢他，也可以憎恨他，但你不可以忽视他。"的确，这个象征高科技精英的符号人物已经并继续主导着一个崭新的时代。

比尔·盖茨的时代正式宣告诞生！

透过视窗看世界

从 1981 年开始，比尔·盖茨就开始酝酿开发一个新的软件，以彻底打败竞争对手。

由于保罗·艾伦的离去，比尔·盖茨只好亲自参与实施软件的开发，他参与开发的这个软件就是最后被定名的"微软视窗"。

所谓视窗，就是把 MS-DOS 复杂烦琐的以字符为基础的操作，改为简单明了的以直观的图形界面为基础的操作。

比尔·盖茨对视窗寄予厚望，他不知花费了多少时间来思考：这个程序应该以什么面目显示？它应当怎么运行？这些视窗应该并列还是彼此遮盖？图标应该是怎么样的？视窗的框架应该用什么颜色？怎么命名？他为所有那些视窗上的可视要素操心。

经过思考之后，他对这个软件的编制人员提出了一些具体的要求，包括必须使用图像模式、下拉式菜单及对话框、屏幕上所见即打印所得等。

微软公司的研究人员在比尔·盖茨带领下全力苦干，有时累到筋疲力尽，但是这项艰巨的工作一直进展缓慢。这并非微软公司的研究人员无能，而是因为研发新的视窗软件实在太难了。仅在内存一项问题上，就要耗费大量的时间。因为当时的个人计算机的内存只有 256K，而视窗需要的内存量远远高于这个数字。

而同一时期，其他许多软件公司也都产生了和微软公司一样的构想，开始加紧研制类似的软件，这些公司私底下都在暗暗较劲。

紧接着，有几家公司宣布自己开发出了类似视窗的软件，并先后投放了市场，市场反应还不错。

比尔·盖茨并没有被这种阵势吓倒，他坚持一定要搞出微软公司的视窗。不管别的公司如何张扬，微软公司都照干不误。

当然，比尔·盖茨对别的公司的做法也不会无动于衷，这不符合他的风格，他决定铤而走险。1983 年 11 月的一天，微软公司在纽约举行了一次盛大的新闻发布会，宣布微软视窗将在年底推出，而且断言一年之后，90% 以上使用 MS–DOS 的计算机都能够使用视窗。

比尔·盖茨的这一举动果真见效，所有的竞争者都吃了一惊，"微软视窗"也开始成为人们关注和期待的焦点。

然而，微软公司一再失信，"微软视窗"的交货日期一再推迟，比尔·盖茨和微软公司的信誉也因此受到了影响。

好事的新闻记者经常就这一问题对比尔·盖茨进行追踪质询，甚至传媒还给视窗起了个令人难堪的绰号——"泡沫软件"，以挖苦微软公司言而无信。

面对如此尴尬的境况，比尔·盖茨干脆什么也不辩解了，反正媒体什么难听的话都说了，就让他们说个够吧。他相信只有成功才是挽回这些不利影响的有力武器。

这时的微软，视窗软件设计和程序调试人员已经达到了 30

人之多。程序员们的工作也几乎达到了疯狂的状态，他们有的人直接把睡袋搬进了实验室，不分白天黑夜地干。但视窗计划的一再延期，还是让比尔·盖茨变得越来越急躁。他对程序员编写的软件不满意，经常要求程序师做伤脑筋的修改，有时候甚至要求他们把花费几个星期写的代码全部扔掉，重新编写。公司里的这种氛围使得程序员非常沮丧，管理人员的压力也很大，有的人实在忍受不了"比尔·盖茨阵发性的叫喊和鲍尔默扔东西"，索性选择离开。

就连鲍尔默本人，日子也不好过。他回忆说，因为计划拖延，有一次比尔·盖茨甚至威胁说要解雇他。不过事后比尔·盖茨不认账，说那种威胁"只是开个玩笑"。

紧张而严密的工作使视窗开发取得了杰出成果，视窗小组的天才设计思想在这套软件中得到了最完美的呈现。这套程序的85%是用C语言编写的，其余关键部分则直接使用汇编语言编写。人们事后对视窗软件开发的时间进行统计时，发现其竟然一共花去了11万个工时。

这套软件体现了典型的微软风格，一改其他软件将各种文件交叠排列的方式，仿佛把各种档案材料整整齐齐地放在桌面上，看起来井然有序、一目了然。程序员们还仿照麦金塔电脑编写了书写器和画笔程序，并为它增添了日历、计算器、名片管理等常用小工具，使视窗的功能更加丰富多样。

在1985年的春季计算机展销会上，比尔·盖茨向成千上万的计算机用户演示了用鼠标和键盘打开或关闭"窗口"的视窗软件的效果。

这一年的 11 月，视窗 1.0 版本软件以标价仅 95 美元的价格正式上市。

为了庆祝这一盛事，微软公司举行了气氛热烈的盛大庆祝会，那些曾经讽刺挖苦过比尔·盖茨和微软公司的媒体记者们也应邀到场。有趣的是，调侃微软视窗为"泡沫软件"的《信息世界》杂志，向比尔·盖茨颁发了"金泡沫软件奖"。

这一年，微软公司的销售额达到了创纪录的 1.4 亿美元，公司规模也进一步扩大。比尔·盖茨本来计划让公司人数保持在 1000 人的水平上，但是越来越多的业务需要越来越多的部门，也越来越需要更多的人手，公司的规模不得不进一步扩大，这个数很快被突破，比尔·盖茨再也不能像以前那样叫出每个员工的名字了。

微软股票上市

在微软公司，MS-DOC 计算机操作系统早已是一种成熟的产品，它作为个人计算机操作系统的标准，地位早已确立。微软视窗后来居上，也很快占领了市场，把其他公司的产品打得落花流水。这些都使得比尔·盖茨的个人计算机高科技产品跻身于全世界前列，在世界各地受到了热烈欢迎。

到了 1986 年，微软公司大约三分之一的收入都来自国外的销售，微软公司的规模进一步扩大，名气远播全世界。

微软公司的股票是否上市，逐渐成了大家争论的焦点。

许多人都知道上市的好处，企业上市后能广泛吸收社会资金，迅速扩大企业规模，提升企业知名度，增强企业竞争力。世界知名大企业几乎都是通过上市融资，进行资本运作，实现规模裂变，从而迅速跨入大型企业的行列的。

但对此，比尔·盖茨有着自己的打算。至少目前比尔·盖茨不乐意让股票上市，这样想自然是为了保守公司自身的利益，但除此之外，他还有其他种种顾虑。让股票上市，将按法律程序办理一大堆手续，将有无数的大小事务要处理，无数的具体制度要制定。此外，还有一连串的活动与应酬，还得与那些无孔不入的新闻记者周旋，回答他们那些细致入微而且无休无止的提问。这些事情会浪费许多宝贵的时间，使比尔·盖茨无法专心致志地管理微软公司，开发新技术，进行残酷的市场竞争。

更叫人担心的是，一旦多得难以计数的财富源源而来，将不可避免地造成人们精神涣散，影响人们的工作效率。那些原来一心扑在工作上的员工们，将会一只眼睛盯着电脑屏幕，另一只眼睛盯着股票价格。他们的工作注意力显然会被分散，一些人甚至会在房间里贴上股票涨跌的图表，在耳朵里塞上耳机收听股市快讯。或者更严重一点儿，会有公司领导人卖掉股票扬长而去的可能。

此外，比尔·盖茨还担心，股票一旦上市，那些持有股票的微软员工可以获得更多的能立即兑现的财富，财富剧增，或许会让微软走上许多公司的老路：不近人情和缺乏人文关怀，一些人常常会感到失望，人际关系日益冷淡。而微软公司的具有家庭般温暖的现有氛围，是比尔·盖茨最不希望打破的。

然而，比尔·盖茨的种种顾虑，最终敌不过形势的发展和人们的普遍要求，比尔·盖茨不得不屈服。

其实，早在几年前，一些迅速崛起的计算机公司的股票就早已上市，其中被人津津乐道的，要属苹果公司。1980 年 11 月，苹果公司的股票第一次公开交易时，资产估价为 18 亿美元，市值甚至比福特汽车公司还高。股票上市带来的财富让人吃惊，从票面价格上看，仅公司董事长斯蒂夫·乔布斯个人就拥有 2.3 亿美元的私人资产。

还在 1985 年，微软的一些中心成员，如琼·谢利、大卫·马奎特、比尔·盖茨等人，就开始讨论股票上市问题。那时候比尔·盖茨承诺，等到微软的两个主产品，即 Excel 电子表格软件及视窗软件成功了以后再说。现在，这两套软件均已问世，并且都获得了不小的成功，股票上市已经是水到渠成的事情，比尔·盖茨不能再推诿了，他做出了股票上市的决定。

一旦决定上市，微软公司的工作班子最先考虑的事情，当然是必须同金融界建立联系。微软公司负责同华尔街打交道的，是公司的财务负责人弗兰克·盖德特。那些老于世故的金融界人士一听说微软公司的股票准备上市，约请面谈的电话便蜂拥而至。一些人甚至来同比尔·盖茨套近乎，希望赢得合作的机会。

经过一番考虑，微软公司决定，首先经过盖德特与中立银行家联系，从中挑选承销商。

最后，盖德特建议微软公司选择两个承销商来共同办理股票上市的销售工作，一个将主持华尔街方面的交易机构，担任主要承销商；另一个则负责集团投资事务，其中要有对集团购股很在行的人。

盖德特特别看重萨奇公司，他于是向比尔·盖茨作了推荐，这个公司最终成了主要承销商。

几天之后，巴尔的摩的桑斯公司被选定作为机构购买承销商。

在寻求承销商的过程中，比尔·盖茨就曾答应美国《财富》杂志，他将允许一名记者追踪报道微软公司股票上市的情况，而且还同这家杂志签订了书面合同，允许其第一时间发布有关微软公司股票上市的信息。

其实，股票上市无论对于承销商还是律师而言，都是一件相当敏感的事情。两个承销商在得知微软公司的这一情况后，都反对在《财富》杂志上报道某些情节。但比尔·盖茨并不同意，他说："如果你们不赞成，微软公司宁可另寻伙伴。"为微软公司当承销商，意味着可以获取数百万美元的丰厚佣金，两家承销商不得不改变态度。

微软公司的股票将于近期上市的消息，经过新闻传媒大肆渲染，社会上开始议论纷纷，微软公司的股票逐渐成为世人关注的热点和焦点。

随着股票上市日期的临近，日益繁多的法律方面和对外合作方面的事务让比尔·盖茨忙得不可开交。他决定提升威廉·纽科姆为副总裁，专门负责这件事情。同时，他还对董事会成员进行了调整，设立了法律方面的分支机构。这些举动都向人们传递着一个确凿的信号：微软公司的股票即将上市。人们对微软公司发行股票的举动拭目以待。

1986 年的 1 月份，副总裁纽科姆开始分秒必争地起草上市公告。微软公司在法律方面只能提供最基本的信息和内容，假如股票上市后价位下跌，那么，投资者一旦愤怒起来，就可能指责并控告微软公司公告中的某些相关信息有隐瞒或蓄意误导的嫌疑。因此，撰写公告粗心大意不得。最后一步，也是最为重要的一步，是确定所谓股票正式上市的价位，也就是股票交易委员会确定出售给一般股民的微软股票的价格。一般股民都普遍认为，这个价位大约在每股 17—20 美元，尽管比尔·盖茨起初估计应在16—19 美元，即使为 16 美元，也将超出微软股票最初估价的 10倍，这在众多的软硬件公司中也是相当出众的，是一个相当高的价位了。不过，比尔·盖茨并不满足，要是每股 20 美元，微软公司的市场价值将超过 50 亿美元。对此，比尔·盖茨认为其并非可望而不可即。

到 1 月底，纽科姆终于完成了他的上市公告。2 月 3 日，微软公司印出近 4 万份公告，分送给各个股票监督委员会代表和代理商们。于是，公众第一次有机会探知过去鲜为人知的微软公司的内部情况，因为这份上市报告是一份内容翔实、细致入微的材料，达 50 页之多。

这份材料透露，在微软公司内部，经过多次的配股，公司创始人比尔·盖茨和保罗·艾伦占据了主要的股份：比尔·盖茨为1100 万股，保罗·艾伦为 640 万股，他们各占全部股份的 41%和 28%。

在首次上市时，比尔·盖茨准备卖出自己股份中的 8 万股，保罗·艾伦准备卖出 20 万股。在微软公司的其他核心人物中，鲍尔默拥有 170 万股，谢利拥有 40 万股，西蒙尼为 30 万股，盖德特为 19 万股。此外，比尔·盖茨的父母也拥有 21 万股。

微软公司的上市公告一公布，比尔·盖茨及家中其他成员便收到亲戚朋友们雪片般飞来的求购请求。然而，据透露，只有十多个人获得了许可，其中包括比尔·盖茨的祖母和他的女管家，其他绝大多数人的请求都被盖茨拒绝了。

"我不想理睬这些请求。"比尔·盖茨说，"我恨整个这件事，我想卖的是软件，而不是股票。"

比尔·盖茨一直都认为，公司要想更好地发展，只有依靠软件，而不是股票；任何时候，都不应该被股票所带来的财富迷失了方向。

不管怎样，1986 年 3 月 13 日上午，微软公司的股票首次在纽约股票交易所上市了。

第一天的开盘价为每股 25.17 美元，收盘价为 29.25 美元，共成交 360 万股。

比尔·盖茨的老朋友昆德伦在修盘间歇打电话给谢利时，这样形容当时人们抢购微软股票的情景："简直疯了！这样的场面我真是从未见过。每个来到这里的人都是为了购买微软股票，其他的股票竟然无人问津了。"这样的景象让那些深谙此道的股票承销商们也始料未及。

短短一周之后，每股的价格就已经飞升到了 35.50 美元，这种升幅是前所未有的。

微软公司的员工可以卖掉手上持有的股票，换取大把大把的现金，也可以继续持股，等待股票攀升到更高值。

微软公司的股票价格犹如脱缰的野马，毫不犹豫地一路奔腾向前。由于股票价格的暴涨，许多人，包括比尔·盖茨、保罗·艾伦，都成了千万、亿万富翁——至少账面上是这样。如果他们出售自己的股票，就会从账面上的富翁变成真正的富翁。比尔·盖茨从出售的一部分股票中获取了 160 万美元的收益，而他作为公司的创始人，手上所持有的股票价值已经达到了 3.5 亿美元。

随着时间的推移，比尔·盖茨也悄悄改变了一开始对股票上市的看法，他和他的伙伴开始在各地区各城市作巡回演讲，为的是为股票争取到一个最好的价位。

到 1987 年的时候，微软公司的股票一路飙升，已经冲到了每股 90.75 美元的高位，而且继续上涨的势头未见丝毫消退的迹象。

这一年的 10 月，美国《福布斯》杂志将比尔·盖茨列为美国 400 名富豪中的第 29 位。

成为富翁之后的比尔·盖茨，首先想到了自己的母校西雅图湖滨中学。他和保罗·艾伦商量，为母校捐赠一笔钱，用于在那里修建一座科学和教学中心。

当这座中心快建成的时候，校方需要用他们的名字来命名，比尔·盖茨和保罗·艾伦决定通过抛硬币的方式来决定谁的名字排在前面。结果保罗·艾伦比较幸运，这座中心被命名为"艾伦－盖茨大厦"。

比尔·盖茨的生活并没有随着股票的升值而改变多少，依然极为简朴，有时候连普通员工都不如。在公务出差的时候，比尔·盖茨也非常节俭，常常是自己开车而不雇佣豪华轿车去机场接送。而且，他还一如既往地去快餐店买自己最喜欢吃的芝士汉堡包。的确，他有一辆保时捷高级轿车，一度被外界认为生活豪华奢侈，但这多半是新闻媒体炒出来的。高级轿车在微软公司一般员工中使用的人不在少数，一些人甚至使用更高级的车子。

微软厂区原来没有固定的停车场，谁先到达公司，谁就能寻到一个位子停车，连比尔·盖茨本人也是如此。在公司股票上市以后，因股票而大发其财的人不在少数，公司里一下子增添了许多百万富翁。在微软公司的停车场上，总是摆满了各种各样的高级轿车，奔驰、保时捷、法拉利等名牌车无所不有，后来还竟然停上了罗尔斯·罗伊斯轿车，即使董事会成员的车混在中间，也很难从众多名车中被辨认出来。

看着员工们越来越奢侈，比尔·盖茨的心也收得越来越紧，他经常反复告诫他的员工，千万不要被纸面上的价值和财富所迷惑！他非常严厉地指出："这是愚蠢的！公司的股票固然具有高面值，但高面值常常是短暂的，是变化无常的！"

比尔·盖茨也曾一度担心自己的员工由于股票上市而影响工作。他不希望员工们成天盯着微软股票的价格升降，从而变得魂不守舍；更不希望员工们上班时做白日梦，想象着股票升值后，赶快抛出，从而易如反掌地得到自己想要的一切——豪宅、高档车和种种享受。当然，他最为担心的还是自己的最得力员工，会不会因为成了百万富翁后而选择离开微软公司，安享清福。

事实证明，比尔·盖茨的担心有些杞人忧天，大多数员工，包括几百个最新的百万富翁，仍然每天来公司埋头苦干。

迁居瑞德蒙

微软公司的上市，开启了比尔·盖茨向全球发展之日。

随着微软公司业务量的迅速增长，随之而来的种种弊端也越来越突出。

比尔·盖茨最为担忧的是，大量冗员会败坏公司的活力与组织。微软公司初创阶段只有员工几十人，比尔·盖茨曾宣称，为了保持公司活力，他的公司最多不超过 200 名员工。

但后来比尔·盖茨不得不改变自己的说法："我并不反对生产和人员的增长，但我认为增长速度不能太快。在目前情况下，我不想让公司雇员超过 1000 人。"

而在 1986 年 3 月，在微软股票上市的时候，公司已有差不多 1200 人。

比尔·盖茨认为，在一个大公司里，由于人员不断增多，人们之间缺乏温情和人文关怀，从而造成人们心理涣散。这体现了比尔·盖茨敏锐的预见力，也表现出他能防微杜渐，一个个解决问题的本领。

为了保持员工们的积极性和创造力，比尔·盖茨想了许多办法。

当微软公司在西雅图的办公楼已无法容纳与日俱增的职员的时候，公司决定将总部搬迁到 8 英里之外的华盛顿州瑞德蒙市郊。在那里，比尔·盖茨买下了 27 英亩土地，加班加点地盖了 4 座办公大楼。为使员工们可以浏览户外四周碧绿的树林，公司把大楼全都设计成 X 型。在这些建筑群中间，还建造了一座人造湖，很快它就以"比尔湖"而闻名。每个员工都有一间办公室，配有价格不菲的舒适座椅，桌上放着电脑，窗外郁郁葱葱的树林、波澜不兴的湖面让人心旷神怡、精神振奋。紧靠办公室，还设有全天服务的快餐店，供应免费的饮料，糖果、零食的价格也非常低廉。还有开展集体体育活动的场所，如棒球场、足球场和排球场，而且所有体育活动统统免费。如果天气晴朗，员工们还会到外面草地上找一块地方吃午餐，演奏自己喜爱的乐器，变魔术或者骑脚踏车……

在微软公司的人员名单从1000多人继续增长的时候，微软不得不建造更多的建筑，而公司早已作出这样的一条规划：要有宽敞的工作场所，足够的办公大楼和充裕的休息设施。原来预计在未来的25年内，在原有基础上再新建3幢大楼。可是还不到一年，第5幢和第6幢就已破土动工。这两幢尚未完工，第7幢、第8幢和第9幢也开始了修建。大面积施工后，成片的楼房拔地而起。在6年时间内，微软公司在这个大的工业园区就建成了22幢楼房，以至于人们把这里的街道称为"微软路"。

比尔·盖茨在谈到为什么需要修建这么多办公大楼时，说："我们有这么多的年轻人，他们在进大学前几乎足不出户，而现在又将他们带到这几乎是荒郊野外的地方，怎么能不尽量让他们感到舒服一些呢？说实在的，他们并不乐意老待在这个地方，他们需要交友、玩乐、活动，然而我需要他们工作，需要他们干得更好。"比尔·盖茨强调说："我希望他们有一种归属感，让他们明白，这一切都是他们自己的。"

为了加强和员工的沟通，比尔·盖茨允许员工给自己发邮件。在微软，所有的人，不论是高级主管还是新来的程序员，都可以直接给比尔·盖茨发电子邮件，告诉他自己有什么主意或者有什么烦心事。比尔·盖茨总是力所能及地帮助员工们解决各种困难，又时时告诫他们，千万不要自以为是，要养成谦逊和冷静的作风。

成就软件帝国

超级畅销软件 Window3.0

早在 1985 年，作为程序开发公司的微软就再次与 IBM 达成协议，联合开发 OS/2 操作系统。按协议规定，IBM 可以在自己的电脑上随意安装此系统，不取分文；但允许微软向其他电脑厂商收取 OS/2 的使用费。鉴于当时 PC 市场兼容机份额极低，IBM 不假思索地同意了。与此同时，微软公司始终都没有放弃 Windows 的研发工作，它推出了自己标志性的产品视窗 1.0——一种"友好的、卓越的"图形用户界面，与 IBM 的 PC 一起出售。

IBM 个人计算机是个三位一体的产品，它除了包括 IBM 的主要设计外，还包括微软的 MS–DOS 操作系统和英特尔的核心微处理芯片。然而，在微软公司的视窗 1.0 版问世之后，他们与 IBM 的亲密合作关系也宣告终结。

造成双方合作失败的根本原因在于，IBM 在企业文化即企业的指导思想上与微软公司完全不同。IBM 成立了一个专门委员会，研制 OS/2 软件。但他们与微软的做法存在着显著不同，他们政出多门，机构庞大，有好几百人围着这个项目团团转，除迈阿密的研究所外，境外英格兰的韦彻斯特研究所也参与了进来。而在微软公司，这种任务则由一个小组承担，它所面临的环境是活跃而自由的。人们说，在微软，八个人工作一个人评论；而在IBM，一个人工作却有八个人评论。所以，微软公司自由自在的工作效率远远高于IBM，而IBM的工作却处处受到牵绊，进展缓慢。

特别叫人难以忍受的是，如果微软公司的人员到迈阿密协助他们解决一些技术难题，IBM公司总是派人跟着微软公司的人，即使在休息场所也不例外。这当然是在告诉微软公司的人，不可靠近IBM的机密。

一位协助IBM公司工作的微软公司技术人员曾经说："我们在IBM办事实在艰难。在那里，任何人都不能自作主张，事无巨细都必须找到高层人士做出决定。我们在写出报告并经委员会审议之前，决不能干任何一件事情。为解决一个细小的问题，你不得不花几个星期撰写报告并等候批准。"而微软公司的作风却大不相同，它务求先行一步，摒弃一切烦琐的审批手续。微软公司每40名程序员只配有两名检测员，而IBM公司每一名程序员就配有一名检测员。微软公司人员经常受到IBM的歧视性约束，即使有力气，也无法用得上。

IBM的做法让微软公司大失所望，这也最终导致了两个密切合作的公司产生裂痕和冲突。

不久之后，IBM的个人计算机开始逐渐失去以往市场的主导地位，其他公司趁机抢占市场份额，以低于IBM公司30％的价格销售自己的同类产品，IBM的市场几乎被别人挤占一空，销售工作处于一筹莫展的境地。

这时候，比尔·盖茨知道自己有两条路可以选择：要么继续与IBM合作，在IBM中占据一定的权益，处于被IBM拖着走的从属地位；要么独自提出一个新的操作系统标准，另起炉灶，与IBM脱钩。前者无风险，但是发展会受到限制；后者有风险，但是也伴随着巨大的机遇。比尔·盖茨毫不犹豫地选择了后者，利用图形界面操作系统抓住了这个天赐良机。

视窗前两个版本的研发工作已经取得了成功，微软公司又经过无数个日日夜夜的艰苦努力，终于设计出图形界面操作系统——视窗3.0版。

微软历史上一个标志性的操作系统软件视窗3.0版本历尽千难万险终于大功告成。它在个人计算机行业具有重大意义，标志着微软公司在产业开发上与IBM公司正式分道扬镳，微软开始发展成为独立研制图形界面操作系统的机构。

同时，视窗3.0版本本身也使电脑及其兼容机在性能上从此跨入一个新的纪元。视窗3.0一经推出，就在软件业和个人电脑行业产生了震动性的效应，舆论界赞声不绝。微软公司也不惜大把花钱，为视窗3.0的推出鸣锣开道，大搞宣传和促销活动。

1990年5月22日一大早，美国纽约市戏剧中心披红挂绿，张灯结彩，一派热闹景象。6000余人在这里汇聚一堂，共同庆祝视窗3.0问世。微软公司通过卫星转播，把庆典的盛大场面发往美国7个城市的分会场。与此同时，在五大洲的12个大都市，即伦敦、巴黎、马德里、斯德哥尔摩、墨西哥城、悉尼以及新加坡等，也举行了极其盛大的产品发布会。

为给视窗 3.0 的成功推出大造声势，微软公司豪掷 300 万美元的巨额资金作为宣传费，这还不包括有关广告费、演示费、赠送试用版等费用。据统计，为了视窗 3.0 的出台，微软公司一共花费了将近 1000 万美元。比尔·盖茨也向记者们宣称："这是微软公司有史以来最盛大、最昂贵的一次软件发布会。"

这一天是比尔·盖茨有生以来最感荣耀的一天。他容光焕发，神采飞扬，穿着笔挺的西服，出现在空前热闹的庆祝大会上。他的母亲玛丽也专程从西雅图飞来和儿子一起分享成功的喜悦。

这一天，在激光的映衬下，伴随着反复回响的奏鸣曲，微软公司董事长比尔·盖茨的声音响彻全世界："视窗 3.0 将重新确定'个人'在个人电脑中的地位，这是比 DOS 还要好的 DOS！"

视窗 3.0 不仅仅是一个简单的升级版本，它打开了个人电脑的新世界。它的扩充内存高达 16M，提供了可以将硬盘作为虚拟内存的存储管理功能，还拥有多任务管理功能和一组功能强大的应用程序。它具有简洁美观的图标、立体感颇强的按钮、丰富多彩的屏幕显示，以及体例繁多的字形、实用而方便的数据交换等。视窗 3.0 可称得上是一件无与伦比的旷世杰作。

对于比尔·盖茨的这项杰作，各界给予了热烈的回应。《今日美国》评价道："这是有史以来最让人渴望的产品！"得克萨斯软件公司总裁、视窗的坚定支持者格雷逊动情地说道："假如你认为，在这几年中高科技产品已经极大地改变了世界，改变了人类的生活，你并没有看错。但真正的改变，是从今天才开始的。"

对于一度不看好视窗开发的人也开始加入赞美者的行列。国际数据公司的南希·麦克沙说："我过去对视窗一直冷眼相看，然而在我看到它的功能之后，我也成了视窗的支持者。"

比尔·盖茨的母亲玛丽为儿子倍感骄傲和自豪，她不无喜悦地说："这是我儿子一生中最伟大的日子，他可以不再依靠IBM了。"

视窗3.0版本的成功震撼了全世界，微软公司的股票也一路狂涨，比尔·盖茨在福布斯富豪排行榜上的位置又大大提前了。

比尔·盖茨的好朋友，微软公司的创始人之一保罗·艾伦也赶来纽约捧场，两个人肩并肩坐在会场内，一同庆祝今天的胜利。

保罗·艾伦这位曾经退出微软公司达6年之久的元老级人物，在两周之后又成了微软公司的董事会成员。他说："比尔同我谈这件事已有好几年了。我们曾经一起战斗，取得了许多佳绩。我想，我们继续开始合作的时候到了。"

微软公司在视窗3.0版上的巨大投入，很快也为他们赢得了丰厚的回报。视窗3.0顿时成了超级畅销的软件，向全球发行的速度每月高达10万套以上。到1990年底，"视窗3.0版"已创下了累计售出100万套的纪录，名列世界软件销售排行榜榜首。在1992年新版视窗3.1推出之前，其销售总量已高达700万套。

坚不可摧的微软帝国

Window3.0的成功推出使微软公司获利丰厚，其他一些公司却因此受到沉重打击，市场份额一再受到挤占。

苹果公司决定利用法律武器，对微软发起反击。它要指控微软公司的视窗软件对它的图形用户界面构成了排挤和威胁。

当苹果公司正在酝酿这场官司的时候，西雅图计算机产品公司已经付诸行动，首先将微软公司告上了法庭。这一行动在社会上引起了广泛关注，因为微软已经不是过去的微软，它构建的微软帝国坚不可摧，敢和微软分庭抗争的公司确实不多见，即使有，也被微软公司处理在"幕后"了。

一方面，一向对法律颇有研究的比尔·盖茨，为了防止微软公司官司缠身，组建了一支强有力的法律班子。这些律师不仅业务水平一流、能言善辩，而且对于电脑行业也都深有研究，几乎就是计算机行业最优秀的法律专家，一切法律手段很难在他们面前玩得转。

另一方面，也是更主要的方面，各个软件商在自身生存上已完全无法脱离开微软公司，假如微软受到损害，他们自身也会在某些方面受到不同程度的损失。软件商离不开微软公司的技术支持，硬件开发商也需要微软公司提供操作系统。这样看来，尽管在个人计算机行业人们对微软公司怨声载道，眼睁睁看着它对同行业的产品进行排挤和侵权，却很少有人能把微软公司怎么样，毕竟老虎屁股摸不得啊！

有一家主要生产计算机鼠标的名叫 Z-Nix 的小公司，曾经大胆地对微软公司提出指控，原因是微软公司把向它提供的视窗3.0版，由协议商定的每个拷贝 27.50 美元私自提高到 54 美元，微软公司的目的昭然若揭，就是要把 Z-Nix 公司从鼠标器市场排挤出去。

这个明摆着微软公司理亏的官司被洛杉矶地方法院受理，人们都普遍认为微软公司必败无疑。

就在报界把这件官司传得沸沸扬扬的时候，微软公司竟然不动声色地来了个冷处理。

在消息见报后的几个小时，微软公司就火速派代表飞往 Z-Nix 公司总部。经过一番秘密磋商后，Z-Nix 便发表声明，声称它已经讨回公道，决定不再去诉诸法律。

一场眼看就要暴发的官司大战被微软公司解决得无声无息，微软公司处理商业争端的能力实在叫人折服。

毫不留情地对竞争对手施以重压，然后又叫对方无法吭声，绝对地赢得对方，这是比尔·盖茨在商场上的一贯作风。能够像 Z-Nix 公司这样，敢于和微软公司对簿公堂的，为数极少，当然也并非绝无仅有。这其中给人留下深刻印象的，当属上面提到过的西雅图计算机产品公司。

这家公司提出指控，要求微软公司支付 6000 万美元的赔偿。事情是这样的：早在 1981 年，西雅图计算机公司的老板布洛克便与微软公司副总裁保罗·艾伦达成协议，布洛克以 5 万美元的价格，将本公司的 DOS 操作系统转让给微软公司。作为条件，西雅图计算机公司在出售微软生产的软件时，可随机搭配这个 DOS 操作系统。此外，微软公司还同意西雅图计算机公司使用这个操作系统的升级版本。

DOS 操作系统使得微软公司能够尽快攀上 IBM 公司这棵大树，并与之合作成功。后来这种操作系统渐渐升华为行业的标准，将它"捆绑"在原装机上出售，可以赚上好几百万美元。

众多以 MS-DOS 操作系统为标准的计算机厂商对这种操作系

统的销售许可权大为垂涎，有这种特权的除了西雅图计算机产品公司老板布洛克外，还有一个特殊人物，他就是有着"DOS之父"的帕特森先生。比尔·盖茨曾宣布帕特森先生也具有这种销售特权，以作为他对微软公司所做贡献的一种酬劳。有一家外国公司派人约见帕特森，试图购买比尔·盖茨授予的这项销售许可权。比尔·盖茨听到这个消息后大为恼火，经过一番谈判，微软公司用100万美元从帕特森后来成立的公司收回了这项权利，而且把帕特森留在微软公司工作。

本来，微软公司只允许西雅图计算机公司作为唯一一家可以无偿经营这种赚钱的操作系统的公司，具有销售权。可是拥有这种操作系统的许可权就意味着一大笔财富，许多计算机公司不惜重金购买这项价值2000万美元的许可权。

微软公司副总裁谢利向布洛克郑重指出：西雅图计算机公司可以出售DOS软件的拷贝，但绝对不能转让这种特权。否则，微软公司不得不诉诸法律。

可是布洛克并不在乎微软公司的威胁，他售出了部分许可权。为了捍卫公司的利益，微软公司决定收回西雅图计算机产品公司的许可权。不过，双方在价格上一直没谈拢，布洛克坚持索要50万美元，而比尔·盖茨认为，他已经为DOS付过一次钱，不可能再付一次。于是，布洛克把微软公司告上了法庭。

由于这一案件涉及高科技领域内的技术问题，案情错综复杂，很难理清脉络，作为西雅图计算机产品公司的代理律师，凯利·科作了充分的准备。他在法庭上侃侃而谈，列举了许多的事实和细节。单是庭审记录，就多达6卷。

凯利·科确实是一位相当出色的律师，他除了在每件事情、每个细节上都做了充分准备，并且巧舌如簧、能言善辩之外，还别出心裁地利用形象为自己加分。

凯利·科把一条狗带上了法庭，让狗待在了被告席前，而被告席上坐着的正是比尔·盖茨。凯利·科向法庭上所有的人大声地说道："先生们，你们可能感到奇怪，甚至不理解我为什么把一条狗带上了法庭，我可以肯定地告诉大家，今天审理的是关于计算机的案子，可同时也是一宗关于狗的案子。"法庭上鸦雀无声，比尔·盖茨好像已经猜出凯利·科要说什么了。

凯利·科接着往下说道："西雅图计算机产品公司的老板布洛克是这条狗的主人，他给这条狗起名叫作斯帕德。有一天，比尔·盖茨去找布洛克，他对布洛克说自己对狗这玩意儿很在行，可以使它成为一名冠军，还许诺分一些奖金给布洛克先生，于是，比尔·盖茨就牵走了狗。"凯利·科律师然后郑重地说："可是大家千万不要忘记：这条狗原本就是布洛克先生的！"法庭上，人人都马上明白了他的意思，都为这个比喻喝彩。比尔·盖茨也听得兴致勃勃，并且把身体习惯性地前后摇晃。

比尔·盖茨丝毫没有被对方的阵势吓倒，面对这种很可能削弱微软公司声望的法律纠纷，他总是从容应战。

布洛克知道，在12名陪审员中，必须有10名以上表示同意，他才可能得到巨额索赔，而且，如果比尔·盖茨上诉联邦法院，他的赔偿要求还有可能被全部推翻。即使这样，他仍然坚持索要50万美元，而比尔·盖茨的律师们开始只认可5万美元，金额差距之大，让双方很难谈拢。

　　就在双方律师辩论后，陪审团开始讨论的过程中，赔偿的价码曾一度以每两小时上涨 10 万美元的速度递增。眼看着金钱流水般往外抛出，比尔·盖茨显得相当镇静，丝毫不为所动。

　　官司的最终结果是，法院判决微软公司胜诉，它可以收回西雅图计算机产品公司的 DOS 的许可权。布洛克的美梦也成了泡影，只得到了为数不多的钱。

　　布洛克的律师凯利·科跟朋友大谈通过这宗案子真正认识了比尔·盖茨这个人，并在判决结果下来之后，便径直赶到交易所一口气买下了一大笔微软公司的股票。

　　当然，他的预测完全准确，微软公司收回了整个市场之后，股价再度往上攀升。

　　话题接着转到苹果公司指控微软公司对其产品进行排挤和侵权的事情上来。在过去几年中，微软公司已花费了数百万美元推广视窗软件，而且费尽心思让软件开发商为视窗开发应用软件。如果苹果公司打赢这场官司，微软公司将面临前功尽弃的危险，几十亿美元的市场份额也将化为乌有。在这场苹果公司和微软公司的纠纷中，不断有公司站到苹果公司一边，声讨微软公司。比尔·盖茨自己也深深感觉到，微软公司现在正处于腹背受敌、楚歌四起的境地。

　　虽然微软公司当时处于一枝独秀、占据主要软件市场的良好发展状态，但是比尔·盖茨对这样的成绩却不以为然。他想得更多的是公司未来的处境，未来的发展和风险。比尔·盖茨在这方面永远有一种无法排遣的忧患意识，他认为在电脑技术飞速发展的时代，哪怕稍有疏忽，就有被别人赶上甚至超过的风险。

1991 年初，比尔·盖茨向公司的主要董事们分发了一份公司发展备忘录。

在这份备忘录中，比尔·盖茨全面阐释了公司业务方面取得的巨大成绩，也深入分析了公司在各个领域中面临的压力与危机，并举例说明，微软公司在网络通信等方面还远远落后于Novell 公司，对这个巨大的市场鞭长莫及。同时在微软公司占据优势的方面，一直有软件开发商对此虎视眈眈，稍有机会，他们就会乘虚而入，挤占市场份额。而微软与苹果公司的纠纷一直在继续，这也给微软公司带来了不小的麻烦。

比尔·盖茨在备忘录里着重谈到了与 IBM 的关系问题，他指出："我们应当同 IBM 保持一种不偏不倚的关系，因为我们已经成为更为出色更为强大的公司，不再唯 IBM 马首是瞻。我们今天已经确立了自己的标准，人们不再认为这只是由于 IBM 选择了我们。"

人们一度普遍认为，IBM 是养虎遗患，自己害了自己，结果导致微软公司占了上风。但电脑业的明白人都知道，事情并非人们想象的那样。IBM 之所以溃败，是因为它跟不上电脑业的发展步伐，在激烈的市场竞争中逐渐失利。即使微软公司不赶上去，别的公司也会照赶不误。

这份带有比尔·盖茨个人惯有思想特征的备忘录一经公布，就在社会上引起了巨大反响。一些不明就里的人开始产生恐惧心理，认为备忘录里提到的别的竞争对手真的要赶上来了，便开始大量抛售微软股票。

那时候，微软公司的股票每股已经超过 110 美元。这种恐慌情绪的蔓延，让微软股票在抛出最多的时候，一天之内就下降了8美元。就比尔·盖茨个人而言，他在一天之内就损失了3.15亿美元的票面价值。

而那些真正了解微软公司和股票行情的证券老手，非但没有抛出股票，反而乘机大量吃进。他们认为备忘录并没有揭示出什么真正可怕的东西，比尔·盖茨在其中流露出来的忧虑恰恰是他自负心理的惯常表现。这些人在这次小小的风波中，着着实实大赚了一把。

反微软联盟

就在比尔·盖茨的备忘录发表之后，紧接着IBM公司董事局主席约翰·阿克尔斯也发表了他的备忘录，这是一份缘于败绩的备忘录。

阿克尔斯在他的备忘录中毫不掩饰地承认，IBM公司目前正处于前所未有的困境之中。自1984年以来，公司的销售额首次连续两年呈现下降趋势。IBM公司一度在股市上遥遥领先的地位现在已岌岌可危。他认为，现在该是公司大力进行整顿的时候了。

阿克尔斯还忧心忡忡地指出："我们正在失去市场占有率，我们正在走向衰退。"他同时指责造成这种严重后果的原因："我们的工作缺乏足够的紧张态度，人人都自得其乐，而根本无视商务上的困境。"

在个人计算机热潮在全美刚刚兴起的时候，IBM公司几乎占领了一半的市场，而现在它的市场占有率已下降到差不多只有

20%。严酷的现实迫使 IBM 公司不得不改变思路，打破陈规，从根本上寻找突破口，以应付强劲的竞争对手——比尔·盖茨和他的微软公司。

阿克尔斯提出的方案，在前两年简直是不可思议的，那就是，IBM 公司要同他们过去曾经厮杀得不可开交的对手苹果公司联合起来，共同对敌。

因为无论是 IBM 公司还是苹果公司，现在都面临着来自微软公司的压力。过去，微软的年营业额只及 IBM 公司的十分之一，而现在，微软公司占领了大部分的市场，IBM 公司和苹果公司两家公司所占的份额则分别下降了 70% 和 50%。而且，微软产品的利润率比这两家公司都要高许多。在共同利益的驱动下，两家公司联合起来一致对付微软，似乎也是大势所趋。

阿克尔斯在这份备忘录中为 IBM 公司指出了唯一的出路，尽管其多少带有不甘和迫不得已。

在与苹果公司结盟这件事上，IBM 并不是全无保留的。电脑界不少人士认为，苹果公司只是因为与微软公司的官司才采取联合 IBM 的策略。它与 IBM 公司有着类似与微软公司的矛盾。要是苹果公司赢得了与微软公司的官司，它同样会起诉 IBM 公司的 PM 软件。PM 与视窗完全相同，这同样是苹果公司难以容忍的。只是，在当前形势下，苹果公司与 IBM 公司联合起来仍然是有利的。

备忘录发表后不到半个月，在美国国庆节前一天，两家公司正式结盟。他们达成一项协议：在广泛的领域内共同享有彼此的技术。协议的有效期定为 7 年。

这是一个意料之中却又有些出乎意料的结果。人们普遍认为，这种过去难以想象的事情，完全是由于微软公司日益强大造成的。人们把 IBM 公司与苹果公司的结盟称为"反微软联盟"。

两家公司把结盟仪式搞得轰轰烈烈。仪式在旧金山举行，邀请了 500 多人参加。在这个仪式上，除签署彼此共享技术成果的协议外，两家公司还声言他们将与著名的摩托罗拉公司合作，开发个人计算机 RISC 芯片，以用于 IBM 和苹果公司的个人计算机。

真正引起轰动的还是 IBM 公司和苹果公司将注册两个联营公司：塔利根特（Taligent）和卡雷达（Kaleida）。前者的使命是把苹果公司以前开发的平克（Pink）项目作为基础，研制出更为先进的操作系统；后者的任务则是研制一种个人多媒体计算机，把声像、文本、影像融为一体。

比尔·盖茨和他的微软公司对于这次历史性结盟的反应显得很淡漠，至少从外表上看，他们没有表现出什么忧虑。

比尔·盖茨甚至在一次业务研讨会上，说出了这样一番话："对于整个产业而言，苹果与 IBM 结盟可以说算是一件好事，甚至是很好的事情，因为我们这个行业需要更多的合作，以便产生更好的成果。"

当被记者问到这次结盟对微软公司是否有影响时，比尔·盖茨幽默地说道："这算得上是一件好事。它们合二而一，我们因此少了一个竞争对手。"

不仅比尔·盖茨丝毫没有把眼前刚刚建立的"反微软联盟"放在心上，就连微软公司的员工也表现出不以为然的态度。公司负责应用软件开发工作的副总裁麦克·梅普思揶揄道："很难想象，在我退休之前，他们到底能搞出什么东西来。"

Windows95

微软公司已经牢牢树立了在计算机界的地位。一个个举措的出台，一个个对手的纷纷落马，微软软件帝国的地位更加巩固。

1995 年 8 月，视窗 95 被推向市场，微软又给全世界带来了一次石破天惊的震撼。

比尔·盖茨还是坚持以往的作风，为推出这套软件，做足了宣传和准备工作，可谓费尽心机。

视窗推出的这一天，在西雅图，微软公司向数千名支持者演示了视窗 95 的杰出功能。在纽约最高建筑之一的帝国大厦上，还竖起了有微软公司商标的巨大霓虹灯广告。

在促销活动中，比尔·盖茨也亲自出马，充当超级推销员。

大量的电脑专业媒体和众多大众媒体都竞相报道有关视窗 95 的各种消息，比尔·盖茨就像电影明星一样出现在无数刊物的封面上，美国历史上还没有哪个软件专家或者软件产品被媒体如此热捧。视窗 95 的热潮，把每一个美国人都卷入其中。

微软还用 1200 万美元将英国著名的"滚石"乐队的一支流行曲买下，作为广告专用，反复演奏；并在美国主要电台、电视台进行密集的广告宣传，向人们介绍视窗 95 的功用；还将英国《泰晤士报》的整张版面买下，印上微软公司的广告，免费向人们散发。

经过这样一场轰轰烈烈的促销活动，视窗 95 在全球沸腾起来，达到了家喻户晓、尽人皆知的程度。这一次的促销活动，也被认为是微软历史上规模最大的促销行动之一。

比尔·盖茨的目的达到了，全球掀起了抢购视窗 95 的热潮。视窗 95 在推出的当天，在美国就售出 30 万套。到第 4 天，全球销售量已突破 100 万套。当年销售达到了 3000 万套。

当然，这仅仅是视窗 95 英文版的情况，在比尔·盖茨眼中，整个世界才是他瞄准的最终目标。

到 1995 年底前，微软公司在全球推出了 30 种语言的视窗 95 版本。中文版、日文版、朝鲜文版和泰文版等相继被推出。

世界各地个人计算机用户争相购买视窗 95，视窗 95 带来的风暴已经席卷了全世界！

违反反垄断法

微软公司发展迅猛，很快就打败了众多对手，占据了计算机市场的主要份额，同时，也吸引了美国反垄断机构的注意。

早在 1990 年的时候，美国联邦贸易委员会就开始调查微软的市场行为。这主要是针对其操作系统与应用软件一起捆绑销售的方式，这种搭配销售的方法是反垄断法制裁的对象之一。不过，这并没有引起微软足够的重视。直到 1993 年，司法部接管调查工作，才使微软真正警惕起来。1994 年，司法部对微软的市场行为作出了限制性裁决，并指控微软公司并购当时的财务软件公司——Intuit 公司为非法兼并行为，迫使微软公司不得不放弃了并购。1995 年，法院作出判决，禁止微软公司将不同的软件产品强行捆绑销售。这场较量以政府的胜利告一段落，不过微软在较量中也毫发无伤。

1995 年，微软视窗 95 的大卖，招致了苹果公司和 IBM 公司的前后夹击，而众多电脑厂商也联手一致对微软公司提出控诉，声称微软公司触犯了《反托拉斯法》的有关条款，在操作系统软件上超越经营权限，利用其他公司的技术，以非法手腕独占鳌头。这时候的微软公司可谓是腹背受敌。

要判处微软公司违反《反托拉斯法》，法院首先必须查明它哪些行为违反了自由竞争的原则。这并不是一件轻而易举的事情。

首先，微软公司并没有过与任何公司合并的行为。其次，微软公司在经营上也没有出现违法的迹象，它并非是通过大量控股而搞兼并的垄断性公司。

再说，在整个计算机市场，也并非微软公司一家的操作系统雄霸天下，它确实存在两个真正的竞争对手。苹果公司早就拥有自己独立的操作系统标准，麦金塔电脑也占有相当的市场份额。直至 1991 年，微软的产品在应用软件市场也只占约四分之一。

微软公司也从来不在自己与别的电脑厂家之间设置壁垒，它对待竞争的态度是积极和开放的。公司很乐意邀请别的厂家去微软公司总部了解自家公司的各种改进和发展，甚至派专人向来客做详尽的解释，回答他们提出的各种问题。

然而，竞争对手们搬出《反托拉斯法》控诉微软公司的行为确实给微软带来了不小的麻烦。微软公司不得不耐着性子，投入大量的时间和人力反复解释自家公司的合法性与正当性，将各种不实之词和莫须有的危言耸听一一攻破。

20 世纪 90 年代，计算机网络迅速发展，因特网领域崛起了一批优秀企业，其中之一就是著名的网景公司。

1997 年，微软和网景公司在互联网浏览器领域展开了激烈的竞争。网景公司的"巡航者"浏览器先入为主，受到了大家的普遍认可。微软为抢占市场份额，后发制人，凭借其市场操作系统的牢固地位，将其研发的"探索者"浏览器——IE 与视窗 95 捆绑出售，从而使网景的市场份额从近 90％跌至 50％，微软市场份额则猛增至 36％。这引发网景公司的强烈不满，也引起了司法部的注意。

美国的《反托拉斯法》是禁止"捆绑"这种做法的，司法部一度警告微软，不要把浏览器和操作系统结合起来销售，否则，一定会对微软采取法律行为。

微软毕竟是经过大风大浪的企业，面对司法部的控告，显得从容镇定。公司除了律师更忙之外，其他各项业务一如既往开展，视窗 98 的开发测试也在继续加紧进行。比尔·盖茨对此轻描淡写地说：不允许视窗带 IE4.0？岂不就像说因为有了专门生产车灯的厂家，就不让汽车生产厂商给汽车安车灯一样荒唐吗？

后来，微软与网景血战，网景招架不住，只得投靠了当时专营网上服务的美国在线，随即又掀起了美国在线与微软的新一轮商战。美国司法部也加紧了对微软垄断行为的调查……

多年来，微软的官司一直是社会舆论的一大热点。因为微软在美国乃至全球经济中的地位举足轻重，视窗软件占到了全球个人电脑操作系统市场份额的九成，微软的成长也把比尔·盖茨推上了世界首富的宝座，更带动了美国经济的欣欣向荣，给这片土地带来了滚滚的财富。

如今的微软已经成了业内的"帝国"：除了主宰个人电脑的操作系统和办公软件外，还涉及个人财务软件、游戏和教育软件、商用电子邮件、数据库及工具软件、网络电视、网络浏览器、上网服务以及近20个不同的万维网站。拉尔夫·纳德说过："与约翰·洛克菲勒不同，盖茨清楚地认识到，他的垄断行为没有界限。除了反垄断法，他已经天下无敌。"

第四章
经营微软帝国的智慧

有人把微软比作是全世界最大的脑力压榨机。在这座工厂里，比尔·盖茨是全球行业精英的超级工头。在他的引领下，微软成了有史以来最有价值的知识创造型企业。

别具一格的人性化管理

提起微软公司和比尔·盖茨的成功原因，有人说比尔·盖茨靠的是自己的商业头脑，有人说比尔·盖茨靠的是知识，甚至还有人说比尔·盖茨靠的是运气……但更多的专家认为，微软公司和比尔·盖茨成功的关键在于其采用的独特的管理模式。

微软公司别具一格的人性化管理，让它充满了自由的空气和开放的氛围。这其中还流传着很多脍炙人口的小故事，这些故事多年来一直被微软的员工们口口相传。

有一天，一名新员工开车上班，不小心撞坏了一辆停在路边的新车。当得知自己撞的竟然是比尔·盖茨先生的汽车时，她大惊失色，不知道如何才好。情急和无奈之下，她向自己的上司求助，上司听了，平静地说："哦，没什么，你只要给比尔·盖茨先生发一封邮件，表达一下歉意就可以了。"

这名员工怀着惴惴不安的心情发出了邮件，没想到还不到一个小时，就收到了比尔·盖茨的回信。在信中，盖茨不但告诉她别为汽车担心，只要没伤到人就好，还对她加入公司表示了欢迎。

比尔·盖茨的宽容与坦诚令这位新员工深深折服，她终于明

白了为什么那么多不同个性、不同风格的杰出人才都情愿臣服于
比尔·盖茨。

一直以来，微软的团队中流传着这样一句名言：没有永远的
领导与员工。在微软，谁是正确的，谁就是最有权威的。

微软有一位叫埃勒的程序员，有一次发现公司的 BASIC 语言
软件中的着色功能有"臭虫"，他颇费了一些工夫才改好，然后
就得意扬扬地去找比尔·盖茨了。

埃勒对比尔·盖茨说："比尔，你看看这个，我找到了一处设
计错误。"

比尔·盖茨问："什么地方错了？"

"你看，居然错在这里，很难想象是哪个没脑子的混蛋写了
这段程序。"

"你能证明现在没问题了吗？"

"是的。"

"很好。"

这件事过去后很久埃勒才知道，那个写错程序的"没脑子的
混蛋"就是比尔·盖茨本人。

这两件事清楚地表明了比尔·盖茨的度量和胸怀。有这样的
一位老板，难怪微软能成为世界顶尖的企业。

在微软这样一个真诚、平等的机构里，人们之间互相尊重、
互相信任、互相帮助。这里不分资质和级别，每一个人都可以直
接对任何人提出他的想法，即使是批评，也是在提出建设性建议
的前提下的批评。

虽然比尔·盖茨对待员工比较宽容，但是他并不是一个好脾

气的人。他从小就喜欢辩论，辩论的时候言语非常尖刻。就像微软公司的一位产品经理说的那样，他是一位头脑清晰的思想家，但却容易感情用事……他向别人发起攻击，目的就是要战胜他。勉强他人接受自己的观点是错误的，对此他却浑然不觉。

比尔·盖茨并不喜欢迎合和屈从他的人，不喜欢公司员工一味顺从，他希望员工可以毫无畏惧地反驳他，只要最后能够让他认为他们的观点是正确的，运用什么方式都无所谓。他喜欢积极地制造冲突，他有时甚至会故意反对某个人的意见，以试探对方是否真的对自己的观点存有把握并以此激发其创造的激情，他会不惜因此冒犯员工。并且，他尊重那些敢于反对他、冒犯他的人，也许他认为真正有才能的人总会矢志不渝地去坚持自己的观点。总之，他要的是英雄，而不是狗熊；是人才，而不是奴才。大凡思维敏捷、智商很高的人都能在微软谋到职位并有所发展。

微软的一个经理曾经说起一次和比尔·盖茨争论的情形："他在桌子上擂了一拳，我也回了一拳。他又擂了一拳，我又回过去。""乱嚷嚷的开大会方式"几乎成了微软的一大特色。

一个微软员工回忆他参加过的一次会议时，这样说道："每个人都激动万分，大喊大叫。比尔像个刺猬一样，逮谁刺谁，激烈地反驳每一个人，每一个人也激烈地反驳他，屋子里好像马上就要爆炸了。我想，天啊，怎么没人给警察打电话？最后，比尔疲倦地坐在椅子上，安静地说，好吧，听上去不错，就这么办吧！"

在微软就是这样，讨论问题的时候没有上下级之分，有时候谁的观点表达得最充分，就要看谁的声音大。

邀请微软的实习生到比尔·盖茨位于美国西雅图市郊华盛顿湖的豪宅做客，是比尔·盖茨开的又一个特例。

一个中国实习生这样描述到盖茨家做客的经历："夕阳映照在湖面上，泛出棕黄色的暖光。爵士乐的笼罩下，人们三五成群地享受美酒佳肴，并轻声交谈。忽然，在我身后有人轻声说了一句：'他来了。'我下意识地抬起头，就在我正前方，一个中年男人静静地站在那里，一双沧桑的灰绿色眼睛透过眼镜片环视了一下四周，布满皱纹的脸上绽放出平和的微笑。然后他就径直向我走过来。我不禁一声惊叹，当场呆住了。而他似乎早已习惯了人们这样的反应，谦和而友善地对我说声'你好'，我也赶忙回了一句'你好'。"

其他人也相继注意到了比尔·盖茨的出现，迅速把他围在中心。在静静地等待片刻之后，比尔·盖茨便开始回答实习生们争先恐后提出的问题。在和实习生的会面中，比尔·盖茨通常是休闲打扮，讲话过程中有时候还会不时伸手到后脖颈子处挠痒痒，随意得就像吃完饭在和自己的孩子们聊会儿天。

微软所有的实习生，在实习期间都有数目可观的车补和房补，实习结束还可以免费搭乘飞机回到原址。作为跨国公司，微软的员工来源可谓真正做到了国际化，走在公司里就像参加联合国大会一样。而微软的免费差旅、搬家福利，对于其所有的员工都是适用的，无论他们身在地球上的哪个角落。

只要是微软公司的职工，都有自己独立的办公室或房间。每个办公室都有可以眺望外面的窗户，而且每个办公室的面积大小都差不多，即使董事长比尔·盖茨的办公室也比别人的大不了多少。每个人对自己的办公室，都享有绝对的自主权，可以按自己的喜好布置和装饰，任何人都无权干涉。办公室的位置也不是公司硬性安排的，而是由员工自己随意挑选。如果某一办公室有几个人同时选择，可以通过抽签决定。如果谁对第一次选择不满意，可以下次再选，直到满意为止。为充分尊重每个人的隐私权，每个办公室都安装了可随手关闭的门。

微软公司的这种做法与众不同，它使每个员工都感到在公司里很有尊严。

不仅如此，在微软公司，各办公楼前都有停车场，这些停车场也是没什么等级划分的。不管是比尔·盖茨还是一般职工，谁先来谁就先选择好地方停车，这和职位高低毫无关系。

微软公司还有一个与众不同的地方，就是办公大楼里没有时钟。西雅图总部办公大楼是用简易的方法建造的，主要原料是钢材和玻璃。办公大楼的地面上铺着地毯，屋顶上散发着柔和舒适的灯光。但是，令人觉得奇怪的是，整座办公大楼内看不到一个钟表，员工凭良心上下班，"工作任意小时"，即使加班也是自愿的。这种"家庭式办公"是员工工作时间管理制度的升华，这种管理方式靠的是公司对员工的信任、员工对公司所负的责任和每个人对成功的渴望。

微软的"工作任意小时"是让员工在状态最佳的时候工作，以提高其工作效率。所以，微软在工作时间管理上显得更加轻松和聪明，对如何有效运用员工工作时间研究得更加深刻。

在办公楼里，可用于办公的高脚凳到处可见，这是为了方便公司职工不拘形式地在任何地点办公。当然，这种布置也离不开软件产品开发行业的生产特点。

这些别出心裁的人格化管理，消除了公司里的等级隔阂，有利于大家一起为共同的事业齐心协力地奋斗。

比尔·盖茨认为"时间是金"，微软人也认为开会最容易浪费时间。

正当许多企业"天天有小会，两天一大会"时，微软却"若非必要，决不开会"。这并不表示微软不重视会议，相反这个现象表明了微软是最重视会议的，他们重视会议的会前准备工作、质量和关键时刻的作用。他们认为有些会议是必需的，它可以产生良好的动力，其诀窍在于良好的控制并保持一种轻松活泼的气氛。微软人认为，既然要开会就要好好地利用开会的时间，讨论解决有针对性的议题并产生决策，议而不决的会议在微软是不受欢迎的。

"不需要再开一次会"是微软高效率工作管理的一个境界，是微软重视会议的高层次反映。

这就是隐藏在微软公司背后的，使比尔·盖茨成为世界首富的种种人性化的管理策略。

永远保持一颗进取心

比尔·盖茨说过，一个优秀的企业经营者就应该像一个优秀的登山运动员一样，要不断地攀登，要把目光盯在山的更高峰。

比尔·盖茨从创业开始就树立了远大的目标，他说过这样一段话："当你创办一家企业时，你有一个目标。对有些人来说，这种目标是一种财务目标——这没有什么错。对有些人来说，目标是他们想打造的一种特别的东西。对艾伦和我来说，目标就是使计算机成为一种增强人类能力最有效的工具。"

从比尔·盖茨和保罗·艾伦创办微软公司的第一天起，他就从没有改变过这个远景目标。虽然那个时候个人计算机很不起眼，但由于芯片和软件的魔力，比尔·盖茨把它视为一种有很大前景的东西。他当时并没有打算上市和发财。他想的是这件事情可能需要他干个几十年，没有捷径，他和保罗·艾伦必须一步一个脚印走。

从最一开始，微软就承载了比尔·盖茨这个沉重的梦想，那就是要开发出能够适合人们使用的软件。说明白点儿，就是对于从不同硬件公司购买的机器，都要能运行同样的软件。这虽然在现在看起来很简单，但在当时，这意味着计算机业的一场彻底革命。

虽然比尔·盖茨他们当时没有想到这会赚大钱，对于公司能变得多大，他们当时的看法也很谨慎。但在预测今后电脑的发展时，比尔·盖茨却毫不胆怯，他说："计算机在未来的 10 年里对我们生活的改变将超过以前的 20 年。"

这不仅是因为人们的日常生活越来越多地依赖计算机，还由于计算机创新的速度从来没有像现在这样快。

计算机这种迅速的创新速度使一个成功的软件企业不但要考虑在特定时期、特定条件下适时调整企业战略，而且还应当有明确的技术远景目标和长期的技术发展规划，就是大家通常所说的技术战略问题。

比尔·盖茨曾经说过一句让人记忆深刻的话：微软离倒闭永远只有 18 个月。他这么说是为了告诫员工，要面向未来，不要满足于眼前的成绩。所以，微软的员工每天都在担心，微软还在成长，微软每天还在过着胆战心惊、如履薄冰的日子。因为他们知道他们所处的行业是一个竞争异常激烈的行业，是一个不去创新就会失败，不去创新就会被淘汰的行业。

因此，比尔·盖茨时时刻刻都在思索微软下一步的发展。在他看来，微软可能随时都会遭遇各种各样的挫折，他也必须时时要为这些可能出现的情况寻找对策。

不管是微软刚开始创业时，还是后来微软的地位已经很难撼动的情况下，比尔·盖茨一直都保持着清醒的头脑，怀着一颗进取心，时刻准备着参与下一步的竞争。

电脑的寿命是很短的，这无疑给软件企业带来更加残酷的竞争。企业为保持自己的竞争优势和提高经济效益，最有效的战略之一就是新产品代替老产品。产品创新，是开拓、创造新市场的金钥匙。

很多公司都是在面临产业更新时犹豫不决，从而丧失先机。可比尔·盖茨从不犹疑，他总是着眼于未来。微软推出的产品一直在不断进行着自我淘汰，促使自己不断向前发展。

因为如果企业不肯推出更新的商品取代自己已有的商品，别的企业很有可能就会取代你；如果只顾眼前，面对产业的更新，就不能领先改变，掌握先机。

这种担心并不是多余的。如今距离 IBM 垄断个人电脑的那段岁月并不遥远。在微软发展的过程中，IBM 曾经处于绝对的行业领先地位，但是由于他们在经营中没有看清未来市场的趋势，不做提前打算，在危机到来之时没有足够的应对措施，所以在瞬间就输给了比他们小得多、进取心强得多、灵活得多的竞争者。

比尔·盖茨则始终保持着忧患意识，把实施长远计划作为重要的战略管理手段，因此即便在群雄围攻，"反垄断"的呼声此起彼伏的情况下，微软也未受影响。

例如，当比尔·盖茨意识到未来的决战在网络时，在仅仅 9个月的时间里，他就把微软从一个以网络为次要策略的公司转换成以网络为焦点的公司。如果当时比尔·盖茨因循守旧，一意孤行，坚守操作系统和现有的应用软件这块阵地，那么其结果就只能是被这个时代所抛弃。要想再次获得霸主地位，其市场壁垒将会高出许多，甚至会出现被市场拒之门外的情况。

快速、加速、变速，是这个信息时代的显著特征。这些只有敢于奋起直追的人才能真正地理解和把握。

现在也许大家能够明白，微软长盛不衰到底靠的是什么，靠的是比尔·盖茨富有前瞻性的准确决策，靠的是比尔·盖茨永攀高峰、永远保持一颗进取心的精神。

生命不息，学习不止

在现在这样一个知识经济的时代里，创新成为创造财富的有效途径。只有具有超强学习能力的人和真正学习型的企业，才可以不断创新，不断进步。

比尔·盖茨经营的微软公司，在这个具有巨大压力和诸多挑战的经济环境中，所面对的最大挑战之一就是必须跟紧科技的脚步。

为了赶上新科技的发展脚步，比尔·盖茨特别高薪邀请特定领域里的顶尖专家，定期为他上知识密集的补习课。他称之为"思考周"，每次专家们都针对一个主题进行授课。在他的"思考周"期间，他把全副精力都集中在吸收新知识上面。

比尔·盖茨有一次在接受《花花公子》杂志采访时表示，他已经不看电视了，并不是他不喜欢看，而是他觉得没有那么多时间，因为在单位时间内看电视所获得的信息远远没有看书收获得多。

比尔·盖茨买书从不吝啬，在他华盛顿湖畔的豪宅里，有间藏书 14000 册的图书室，里面的书门类繁多，内容广泛，能满足他旺盛的求知欲。为了掌握世界经济的变化，他经常将《经济学家》杂志从头到尾一字不落地读下来。

其实，比尔·盖茨酷爱读书的习惯从小就养成了。比尔·盖茨说："即使是在科技领域，学习新知识也一样是很有趣的。例如，当我想了解我们的异步转化模式进展如何时，我就请专家来为我讲解这些内容。我拿出整整两个星期用于'思考周'，读遍那些聪明人给我传授的内容。这样，我就知道那些内容是怎么汇聚而成的了。"

即使在度假期间，他也没有放弃学习新知识的爱好。很多人都知道，几年前，比尔·盖茨从不休假，他认为休假是弱者才做的事。现在，他每年都会休上几次假，但他会给休假定一个主题，他的假期一样是在储备知识。例如，几年前，他去巴西，就把他那趟巴西之旅的主题定为物理。在巴西度假时，他读了好几本物理方面的书。

除了对自己进行知识方面的投资，比尔·盖茨还把这种学习风气带到了微软，他也非常注重给微软的员工在知识方面进行投资，他认为这种投资是非常值得的，因为只有学习才是预防自满、避免犯错的最好方法。

为了让微软这群知识精英们能随时了解自己的知识结构，获得更新的知识储备，比尔·盖茨花费了相当多的财力、时间和精力，建构起了一套敏捷的知识管理系统。微软人员的"知识地图"可以说是这套知识管理系统的最佳代表之一。

这张"知识地图"是比尔·盖茨从 1995 年 10 月就开始制作的。当时，微软的信息系统小组开展了一项"技能规划与开发计划"。他们把每个系统人员的工作能力和某项特定工作所需要的知识制作成地图，以便协助公司维持业界领导地位，同时也使员工与团队的配合更加默契。

微软共分五个主要步骤来制作这张"知识地图"：为知识能力的形态和程度建立架构，明确某特定工作所需要的知识；同时为个别员工在特定工作中的知识能力表现评分；在线上系统执行知识能力的搜寻；把知识模型和教育训练计划相结合。对员工的知识能力，微软采用了基础水准能力、地区性或独特性的知识能力、全球水准能力和普遍性能力等四种知识结构形态来评估。

当管理者需要为新项目建立团队时，他不必费劲知道所有员工中谁符合工作条件，只要咨询这个系统就可以了。微软建立"知识地图"的行为，说明比尔·盖茨非常重视知识并大力支持知识的交流。

有人把微软比作是全球最大的脑力压榨机。与其说比尔·盖茨在压榨员工们的脑力，不如说是微软在尽可能地开发他们的脑力资源。

微软的员工都是行业中的精英，可是精英也要面对不断变化的外界环境和快速成长的对手。在微软，从比尔·盖茨到每个员工，都必须不断地学习，不断地充电，尤其是当微软每进入一个新的领域的时候。

在比尔·盖茨的眼中，除了自己的微软事业之外，恐怕最重要的就是学习和教育了。他最早的基金会就是为了投资教育而设立的。迄今为止，比尔·盖茨已投入超过14亿美元的资金，用来改善较低收入人群的学习条件。当比尔·盖茨第9次来到中国的时候，他送给中国政府的一份大礼也同样是有关教育方面的。

第五章
功成退隐，开始慈善事业

那些获得很多的人，也应该付出很多。

——比尔·盖茨

告别微软，投身慈善事业

2000 年，比尔·盖茨以自己妻子的名义设立了比尔及梅琳达·盖茨慈善基金会，他开始留意世界上存在的一些严重问题，比如全球健康和教育问题。

早在 2006 年，比尔·盖茨就表示，到 2008 年 7 月，他将把全部时间用于慈善基金会，积极投身于促进全球范围健康和教育的事业。

不过，当时的人们或许只是以为比尔·盖茨将从 2008 年开始从事一项全新的事业——慈善事业，从来没有想过他会真的做到"全身退出微软"。

不是人们不愿意相信盖茨会退出微软，而是因为没有了比尔·盖茨的微软，总让人觉得少了点什么。英国广播公司曾说过这样一句话，微软员工们乐于承认"盖茨即微软"。多年来，微软的员工们已经习惯了在每件事情上必须获得盖茨的点头认可，也许正是因为意识到了这点，盖茨才决定隐退，他希望把连接在"微软"和"盖茨"之间的等号抹掉，让微软成为一个真正的品牌，而不再是个人崇拜的符号。

于是，这个被美国人称为"坐在世界之巅的人"，这个对技术革命做出卓越贡献，为人类创造了无尽财富和幸福机会的人，决定放下管理微软的重任，挥手告别热爱他的员工，潇洒地转过身去，全身心地投入慈善事业。

2008年6月27日，是比尔·盖茨在微软的最后一天。微软在美国雷德蒙市召开了一次盛大的欢送会，他们将在这里送别他们多年来的旗帜人物、带头大哥、精神领袖——比尔·盖茨。

原本一个简单的告别仪式注定要受到历史的垂青。几乎所有人都不约而同地认为，比尔·盖茨的引退意味着一个时代的结束。在这一非同寻常的时刻，全球千百万的人都投来了关注的目光。美联社、英国广播公司、法新社等西方主流媒体纷纷对此事进行了重点报道。饶有意味的是，会场只能容纳800多人，而更多的人则打开电脑，启动盖茨改变世界的倾世杰作——Windows系统，联通网络，观看了这一重大实况。

6月27日9点20分，比尔·盖茨在现任微软一把手鲍尔默的引领下，从一个黑色帷幕后面，交叉着双臂缓缓地走了出来，还是人们熟悉的沙色头发、黑边眼镜、随意的西装以及那意味深长的浅浅微笑。明明还是那个盖茨，却给了人们完全不一样的感受。现场所有观众都站起来长时间地鼓掌，向曾经的枭雄、如今的英雄，致以最崇高的敬意。

盖茨微笑着，用目光扫视着在场的每一个人，默默等待着他的拥趸平息了心中的澎湃。他首先向观众介绍了自己的妻子梅琳达和孩子们，感谢他们对自己的支持，有了他们自己的生活才变得丰富多彩。然后，他开始介绍自己的另一个孩子——微软公司。他谈到了这个孩子的过去，它的诞生，它的发展，它与IBM

的合作，它的上市……

比尔·盖茨的谈话赢得了一阵又一阵热烈的掌声，这也使他感动不已，潸然泪下，他接着说道："我认为，我离开微软的全职工作可以为其他人创造一个走到前台的机会，因为我离开可以腾出一个真空地带。我决心离开，给微软一个新气象。""你们使我的生命充满了乐趣，在我的一生中，我没有一天不在想微软，不在想微软所从事的伟大的事业。"

后来，他谈到离开微软对他来说是一个艰难的决定。是的，他对微软充满了热爱，因为它早已融入了自己的血液。就是在现在，在送自己孩子上学的路上，他也时常会瞬间忘记自己要干什么，然后会不自觉地将车开往去微软的路上……直到孩子们问：爸爸，爸爸，我们又去微软做什么？他才恍然大悟。

他还谈到了微软的未来，就像一个慈父对孩子充满了期许。他表示，微软还将有很多让人们惊讶的机会。

然后，鲍尔默也发了言，他说道："我们无法对比尔言谢。比尔是创始人，比尔是领袖。微软是他的孩子……我们获得了一个巨大的、巨大的机会。而这个机会正是盖茨为我们提供的。为此，我们还要向盖茨说一声谢谢。"

……

比尔·盖茨不再担任微软的执行主席，从微软的日常工作全身而退。但他不是真的从此"颐养天年"，他将继续生命中的下一个阶段——慈善事业，他将与他的妻子梅琳达一起全力以赴地管理比尔及梅琳达·盖茨慈善基金会。

比尔·盖茨还在他的退休宣言中，通过 BBC 告诉全世界：

他将捐出 580 亿美元的全部资产，用于名下的比尔及梅琳达·盖茨慈善基金会，一分一毫也不会留给自己的子女，这将意味着他的 3 个子女今后也要像他一样白手起家。他的这种豪气和洒脱非常人所能比，正如米歇尔·柯兹曼在致比尔·盖茨的离职感言中所说："如果盖茨能够在基金会中投入同样多的精力、决心和执着精神，那么他将成为历史上最伟大、永远被人想念的英雄人物之一。"

比尔·盖茨希望他和妻子能够努力、积极地回馈社会，在他们的基金会网站上，有这样一句话："那些获得很多的人，也应该付出很多。"

其实，早在 5 年前，盖茨就曾在公开的遗嘱中说过，除了给自己的孩子每人留下 1000 万美元和价值 1 亿美元的家庭住宅外，其个人财产的 98% 将捐给他和妻子名下的基金会。5 年过去，他改变初衷，将个人资产全部裸捐给基金会。不管你是否承认比尔·盖茨曾经是一个伟大的企业家，但你不能不承认他将是一个伟大的慈善家！

背后的女人

"32位"小姐

勿庸置疑，任何一个名人的个人生活都会引起民众的关注，更何况是世界首富比尔·盖茨。不过，比尔·盖茨的个人生活对于广大的美国公众乃至微软公司的雇员来说，几乎就是个谜，它显得异常神秘和难以猜测。

"对比尔·盖茨而言，女人就如同摆在他面前的一个陌生的软件。"微软公司的员工曾这样评论比尔·盖茨的爱情。的确，在比尔·盖茨心里，肯定认为爱情比软件还难开发。

见过比尔·盖茨的女士们心中都会留下这样的疑惑：昨晚他睡在哪里了？办公室吗？他的头发实在叫人不敢恭维。

对此，比尔·盖茨的母亲玛丽也无可奈何，她曾尝试着用许多办法改变比尔·盖茨，但都没有用。"我常常担心，比尔·盖茨这样不修边幅，有哪个姑娘愿意和他谈恋爱呢？"玛丽担忧地说道。

在比尔·盖茨成为亿万富翁以后，有不少漂亮女孩主动向他示好。但比尔·盖茨对此有自己的看法，他觉得自己很难猜透这些女人的目的究竟是爱情还是金钱。卢堡曾经同他开玩笑，问他多大岁数结婚，他总是回答说："35岁吧。"他一直保持着童心和童趣，像个大孩子，一有时间就同大家一道做游戏。微软公司也因此流传下了一个特别的词儿——Micro-games，就是"微游戏"的意思。

比尔·盖茨一直恐惧结婚，他认为一旦结婚，就会像他的父母一样老之将至。由于一直是单身，在与客户应酬和社交往来中，在需要甚至必须带上女伴的场合，比尔·盖茨总是请他的母亲玛丽·盖茨一道前往。

当然，比尔·盖茨毕竟不是一个孩子了，他不可能不与异性交往。纵观比尔·盖茨的一生，他曾与三个女人来往比较频繁。人们依稀记得，他交往的第一个女人叫蓓蕾特。

时间还是要推到1984年4月，当比尔·盖茨成为《时代》杂志封面人物的时候，有人在一篇特写中透露出了比尔·盖茨和蓓蕾特交往的信息。

蓓蕾特可以说是一位标准的美国式女郎，年轻美丽，性格开朗，举止大方得体，充满了独立的个性，但她在对待感情的问题上却又非常严肃认真。

1983年，微软公司雇员埃尔瓦在家中举行了一次盛大的舞会。诸如此类的舞会，是由微软公司的员工轮流举行的。只要家住西雅图，家中有足够活动的场地，就有可能轮上举办舞会。

微软公司人员的招募范围很广，不少人来自美国其他州乃至国外，所以，周末举行这样的舞会，就成了众多微软员工紧张工作之后娱乐轻松一番的主要活动方式。就是在埃尔瓦家举行的这次舞会上，比尔·盖茨结识了蓓蕾特。

比尔·盖茨从上高中的时候，就开始时不时与一些女孩子有过来往，有时还同她们约会。但这次与蓓蕾特的相遇，却使他有了一种异样的感觉，乃至对于跳舞，也显得有些心不在焉了。

蓓蕾特第一次见到比尔·盖茨，便问他道："你们公司为什么不开发供 32 位小型机使用的软件呢？"这个问题使比尔·盖茨哈哈大笑。

那个时候 32 位微处理器还没有成熟，蓓蕾特显然认为微型机同 PDP-10 型小型机是一回事，犯了概念错误。不过，比尔·盖茨并没有介意，反而有点儿喜欢上了这个姑娘。从此以后，比尔·盖茨就亲切地称蓓蕾特为"32 位"小姐。

为了不耽误更多的工作，比尔·盖茨坚持下班后再约会，蓓蕾特称这种约会为"7 小时关系"。

与比尔·盖茨约会可不是件轻松和愉快的事情，他总会不由自主地讲到他工作和发展上的事情，而且一讲起来就滔滔不绝，很少去和对方交流并沟通彼此之间的感受。这常常使女人们感到无所适从，而且最后总是搞不明白他到底讲了些什么。

但比尔·盖茨绝不是"冷血动物"，他是一个感情强烈和极富挑战性的人，他敢于向一切艰难困苦挑战，敢于勇敢无畏地争取最终的胜利，敢于压倒竞争对手而绝没有一星半点的犹豫。同时，他又是一个敏感而且充满同情心的人。他把这些性格都掩藏得很好，既不表现得锋芒毕露、咄咄逼人，也不会给人软弱无力的感觉，其实他的感情极易受到伤害。当比尔·盖茨决定解雇一名员工时，他总是感到很为难。每解除一名员工，他都感觉自己更孤独了。

蓓蕾特相信，比尔·盖茨在成长过程中时时都有孤独感，并不像他的外在表现那样热烈而无畏，这也使她产生了要保护比尔·盖茨的欲望。但好在他还有一个亲密无间的家庭，这个家庭给了他许多温暖的感觉，这有助于他克服孤独的感受。

蓓蕾特觉得自己很了解比尔·盖茨，但遗憾的是她一直无法触及他心中最敏感的部分。随着接触的增多，他们越来越发现彼此之间存在着巨大差异。蓓蕾特属于外向型，而比尔·盖茨属于内向型。可能旁人觉得这种"互补式"爱情是最佳的结合方式，可感情没有想象的那么简单。

由于感觉到工作被耽误得太多，比尔·盖茨于1984年终止了和蓓蕾特的约会。

当然，他们之间已有的深刻了解使他们不可能一刀两断，他们在接下来有限的时间里继续来往了一段不长的时间。最后，他们还是彻底分手了。蓓蕾特曾经这样抱怨过比尔·盖茨："他老是记挂着他的工作，他似乎与他的工作密不可分。我认为这样干是脱离现实的，是非人的，他终究会被工作拖垮。"

分手之后，比尔·盖茨和蓓蕾特仍然是很好的朋友，蓓蕾特说："我知道他在哪里。无论我求他什么事，他都会尽心尽力为我办好的。"

比尔·盖茨又一头扎进了工作中，也许他需要的是一种浪漫格调的爱情。

一生的好朋友温布莱特

另一名闯入比尔·盖茨生活的女人是比比尔·盖茨年长 9 岁的安·温布莱特。

1984 年春天，在一次产业研讨会上，比尔·盖茨和温布莱特都作了发言。温布莱特是一位靠自己奋斗而成为百万富翁的女企业家，比尔·盖茨的发言给她留下了深刻的印象，她发现他们之间有着许多共同点，这使他们一见如故，惺惺相惜。

在温布莱特眼中，比尔·盖茨与报刊上介绍的简直判若两人。她解释道："比尔·盖茨完全是个冒险家，一个超级领导人，他似乎总是在悬崖上走钢丝。我同他在一起，总能学到不少东西。"

为了证实自己的观点，安·温布莱特还讲述了一段小小的插曲：有一次，温布莱特同比尔·盖茨一起去墨西哥旅行。他们到达旅馆后，比尔·盖茨竟然把他们的汽车转租给两个素不相识的嬉皮士，一个下午收费 10 美元，而且没收一分钱的押金。温布莱特坚信比尔·盖茨这下上了当，汽车再也开不回来了。在 4 小时之后，那两个嬉皮士却把车开了回来，只是汽车损坏严重，就差没有完全散架了。温布莱特说："比尔·盖茨喜欢冒险行事的性格，由此可见一斑。"

还有一次，他们一道去沙丘一带游玩，比尔·盖茨发现那儿有一家专门从事滑翔器教学的俱乐部，就很想试一试，便报名参加培训。

第一次滑翔时，他一头栽进了沙丘。

　　第二次，他记住了教练的话，细心操作，在地上飞行了一段路程，感觉还不错。

　　到了第三次，他自以为已经掌握了要领，竟然迎风而上，飞到高空中时，违反了不能转动滑翔器的规定，在几百码外重重地摔了下来。幸好，那里有一片灌木丛，比尔·盖茨才没有受伤，但人和树丛却紧紧地缠在了一起，费了好大劲他才挣脱出来。这次的冒险让比尔·盖茨很是狼狈。

　　温布莱特对比尔·盖茨最后的印象是，孩子般的冒险，孩子般的依恋。

　　比尔·盖茨乐意接受爱情，却不愿去触及婚姻。

　　他曾对卢堡说过要等到 35 岁之后才考虑结婚，可对于比他还大 9 岁的温布莱特来说，又如何能等到他 35 岁呢？这个巨大差距注定了他们的交往长久不了。

　　最后，他们不得不面临分手的结局。

　　也许真的没有一段婚姻适合比尔·盖茨。他太与众不同了。

女才子梅琳达·弗伦奇

1993 年，同比尔·盖茨订婚的，是女才子梅琳达·弗伦奇。

　　梅琳达出生于美国达拉斯市一个中产阶级家庭，从小就聪慧好学，乖巧懂事。"我几乎每天都要清洁地板，擦洗烤箱以及割草。"梅琳达后来回忆往事时不无辛酸地说。1987 年，她获得杜克大学的计算机和经济学两个学士学位。要知道，杜克大学可是美国最著名的学府之一，前总统尼克松就是在那里毕业的。第二年，梅琳达又拿下了杜克商学院的工商管理硕士学位。

　　毕业后，微软公司看中她的才华，招聘她为雇员。精明能干的梅琳达进入微软公司后，很快就取得了骄人业绩，并开始担任部门主管，手下有 100 多名员工。可以说，在微软开发多媒体产品的过程中，梅琳达功不可没。很多她负责的项目和产品，现在已经尽人皆知，如 Windows 和 MS-DOS 等。更值得一提的是，她曾经反馈过一条重要信息，修正了 Windows 的致命失误，避免了微软公司的重大损失。为此，并不是很漂亮的梅琳达引起了比尔·盖茨的关注。

　　盖茨和梅琳达都是工作狂，两人都喜欢下班后在办公室加班。每天，盖茨从自己的办公室窗口望出去，正好可以看见梅琳达。

　　由于一开始对这位年轻董事长的风流韵事有所耳闻，她对比尔·盖茨并没有什么好感。不过，比尔·盖茨在梅琳达面前总是表现得彬彬有礼、温文尔雅，这使她逐渐改变了看法。

　　后来，比尔·盖茨开始频频邀请梅琳达约会，但他从未公开表露过爱意，而总是找一些借口接近梅琳达，例如谈工作、进晚餐、看演出或看比赛等。而梅琳达也界限分明，每次约会总是要求实行 AA 制。

　　直到有一次，比尔·盖茨来到梅琳达的办公室，鼓足勇气对她说："请你永远为我点亮这盏灯！"梅琳达被比尔·盖茨的深情打动了，这才开始慢慢接受比尔·盖茨的爱情。

　　梅琳达对比尔·盖茨雷厉风行的办事作风以及特立独行的个性很欣赏，而在盖茨眼里，梅琳达不仅办事干练，更重要的是她具备一个贤妻的特质，像"一只温顺的小绵羊"。

最终，两人开始了正式的交往，而办公室就是他们最常约会的地方。

比尔·盖茨与梅琳达·弗伦奇的恋爱历程充满了曲折和艰辛，这种关系在风风雨雨之中折腾了好几年。

开始，对于结婚的事，比尔·盖茨在态度上总是闪闪烁烁，似是而非，一直不曾做出明确的答复，这对梅琳达来说显然不公平。到了1992年，梅琳达终于向比尔·盖茨下了最后通牒，要么结婚，要么立刻分手。

比尔·盖茨同梅琳达结婚，对他来说或许并不是一件让人感觉痛快的事情。他从不愿意放弃那种一贯的顽童般的生活习惯，而结婚，必然意味着家庭的管束和妻子的制约。

而促成比尔·盖茨最后下决心结婚的，一是他过去的女友温布莱特，二是他的母亲玛丽·盖茨。

温布莱特现在仍然是比尔·盖茨的密友。她对比尔·盖茨说："你那顽童般的习性已经不可取，你应当在性格上成熟起来。应该考虑结婚的事情了。"

温布莱特的话，使比尔·盖茨开始认真严肃地考虑他的婚姻问题。

而比尔·盖茨的母亲玛丽·盖茨从来都不怀疑儿子挣钱的能力，她担心的是儿子在性格上的不成熟，对婚姻问题的不慎重。在她看来，如果儿子与梅琳达结婚，必将弥补他在这些方面的不足，甚至还会使他产生关心社会、关心他人的良知。所以，她竭力支持儿子同梅琳达的婚事。

1992年2月23日，华盛顿第一州立医院的汤普森医生替玛丽·盖茨做了详细的检查，诊断出她得了癌症。在病危之际，玛丽对儿子说："你已经 37 岁了，可为什么还不考虑终身大事呢？"

比尔·盖茨决定完成母亲的嘱托，向梅琳达求婚。1993 年复活节，他带上梅琳达去棕榈泉看望了正在那里度假的父母，后来又在李尔耶山庄租下一幢别墅以度蜜月，并且还为梅琳达定做了结婚戒指。

1994 年 1 月 24 日，39 岁的比尔·盖茨终于与梅琳达在达拉斯共同踏上了红地毯。

家有贤妻

1996 年 4 月，梅琳达生下长女珍妮弗。此后，为了全力支持比尔·盖茨的事业，梅琳达放弃了自己的事业和追求，退出微软，心甘情愿地做起了比尔·盖茨的全职太太。1999 年，梅琳达又生下了儿子罗里。2002 年 9 月，比尔·盖茨的第三个孩子出世。

梅琳达不仅为比尔·盖茨生下了 3 个聪明伶俐的孩子，而且还精心地管理着"世界首富"的奢华豪宅。她知道比尔·盖茨喜欢看书，于是就筹建起了藏书过万册的家庭图书馆。

此外，她还相当注意配合丈夫的兴趣和爱好，两人经常玩拼图和猜谜等比尔·盖茨从小就喜欢的智力游戏，参加很多富有挑战性的活动。一次，他们参加朋友举行的雪地追狗比赛，梅琳达陪着盖茨在零下 30℃的阿拉斯加跋涉了 43 公里，竟然毫无怨言。

比尔·盖茨一直把梅琳达看作是一位善解人意的妻子。事实上，比尔·盖茨经常将妻子作为一名倾听者，有时还会跟她谈到微软的具体工作。

2000 年，当鲍尔默取代比尔·盖茨担任微软首席执行官（CEO）时，正是梅琳达帮助盖茨度过了事业上这段难熬的转换期。比尔·盖茨回忆说："当时我经常与梅琳达一起讨论这个问题。"

作为盖茨夫妇最亲密朋友之一的股票大亨巴菲特曾直言不讳地表示："盖茨需要梅琳达。"

梅琳达的人生也因为比尔·盖茨而发生了重大的变化，她成为全球第一大慈善基金的两名所有者之一。

2002 年 5 月初，梅琳达向母校杜克大学捐款 350 万美元，资助其进行科学研究。虽然梅琳达过着深居简出的"后台"生活，但她一直是媒体和民众关注的焦点。下面就是梅琳达的一个典型工作日：

先在孩子的学校花费上几个小时；然后又忙着招待 10 多名客人，其中包括几名前来盖茨慈善基金会参加疟疾论坛的非洲卫生部部长；到晚上 10 点，当所有人都离开之后，她又开始拖着疲惫的身体准备第二天上午的演讲……

当被问到什么时候打算走到"前台"的时候，梅琳达表示已经做好完全展示自己的准备，她说："我经常想，当我的小女儿上了全日制学校之后，我会逐步走上前台。"当然，她从内心里更愿意永远远离公众，她不喜欢聚光灯下的感觉。梅琳达计划未来将更多时间投入到基金会，达到每周 30 小时。

从 2008 年 7 月开始，盖茨便不再负责微软的日常管理工作，而和妻子梅琳达一起全心打理慈善基金会。他将按计划增加每周在基金会工作的时间，而将更少的时间留给微软董事会主席的角

色。据这对夫妇的朋友称，盖茨之所以会做出这样的转变，全是
因为梅琳达。正是善良的梅琳达让盖茨变得更加有责任感，更有
耐心和同情心。比尔·盖茨本人也承认，由于梅琳达，他很愿意
扮演新的角色。

让自己的财富变成了许多人的幸福，这是梅琳达的理想。如
今，这个理想也变成了比尔·盖茨夫妇的共同理想。

据说，盖茨夫妇最喜欢的一本书是美国钢铁大王安德鲁·卡
内基所著的《财富的福音》，卡内基在《财富的福音》里写过这
样一段话：

> 富人应该为他的无穷财富而感激。在有生之年，当
> 他们支配这笔财富时，应该多做一些捐赠活动，这样社
> 会上的其他人就可以长期从中获益，而他们自身的生命
> 价值也会因此而得到升华……富人在道义上有义务把他
> 们的一部分财产分给穷人，因为所有超过家用之外的个
> 人财产都应该被认为是让社会受益的信托基金。

盖茨夫妇对这段话深有感悟，他们已经把比尔及梅琳达·盖
茨慈善基金会办成了世界上最大的慈善基金会。通过这个基金
会，他们让自己的财富变成了许多人的福音，同时也让自己拥有
了更多的幸福。

芝加哥大学工商学院一位教授给"幸福"二字是这样定义
的：在一贫如洗时，最初的财富积累，给人带来的幸福感一定是
急剧上升的；而当财富积累到一定程度后，幸福感的增加会进入

一个缓坡。而我们的最终目标不是最大化财富，而是最大化幸福。

盖茨夫妇现在正朝着"最大化幸福"这个目标迈进。

其实，美国的许多富翁都是幸福最大化的一些实践者。例如，比尔·盖茨的老搭档保罗·艾伦建立了"保罗·艾伦基金会"，累计捐款 4.1 亿美元，主要慈善项目包括建造一座交互式音乐博物馆，组建"寻找外星人"协会，资助西雅图公共图书馆等。比尔·盖茨的竞争对手拉里·埃里森建立了"埃里森医疗基金"，投入 2.5 亿美元为第三世界国家提供治疗传染病的药物。电子港湾创始人菲力普·波伯成立了"希望之光"基金会，捐款 1 亿美元，致力于消除埃塞俄比亚的贫穷……

如今，比尔·盖茨夫妇生活得平淡而幸福，3 个孩子也非常让他们放心。每当谈到孩子，比尔·盖茨夫妇都会露出一脸幸福。他们在孩子的教育问题上有着自己的一套方法。

早在推销微软新的电脑游戏皮纳塔乐园时，比尔·盖茨就曾谈到自己的儿女，他说，他已和妻子梅琳达决定，给孩子规定使用电脑的时间，孩子每天使用电脑玩游戏的总时间不能超过 45 分钟，周末则是一个小时，而利用电脑做功课的时间则不受此限。

可能有人会觉得电脑大王的孩子肯定会对电脑很着迷，可据新加坡《联合早报》透露，比尔·盖茨的长女一向对互联网或电脑没有兴趣，一直到她进入一所着重以电脑为教学媒介的学校后，她对电脑的态度才开始慢慢有了改变。

在一个商业大会上，盖茨再次谈到了自己的女儿，他说："她开始变得热衷于使用电脑，开始接触一些电脑游戏，包括在 Xbox 360 中运行的皮纳塔乐园。在游戏中，玩家得照顾好自己建立的园地。她有时候会在园地里耗上两三个小时。"

比尔·盖茨的儿子对父亲限制其使用电脑的时间有时候会表示出不满，比尔·盖茨回忆说："我儿子问过我：'我是否一辈子都要受这样的限制？'我告诉他：'不。当你搬出去后，便能自设规矩了。'"

当好奇的记者问到三个孩子对比尔·盖茨夫妇裸捐的事实有没有什么不满时，梅琳达是这样回答的："他们三人现在还小，我现在只能和他们谈谈吃的、穿的东西。将来他们肯定会得到一些财产，不过我们会等他们长大些再跟他们谈这个。我们相信，如果父母的教育得法，孩子们对待财富的看法不会和我们不同。"比尔·盖茨很赞同妻子的看法。

盖茨夫妇将慈善事业进行到底

2008 年 6 月 27 日，微软创始人、董事长比尔·盖茨宣布从微软"一把手"执行董事长的位置正式退休，转任非执行董事长，淡出微软的日常管理工作。现任 CEO、盖茨大学好友史蒂夫·鲍尔默将全面接掌微软大权。同时，比尔·盖茨本人和妻子梅琳达将全身心投入到慈善事业中。

这或许对微软来说意味着一个时代的结束，但对世界却意味着多了一个身家 580 亿美元的全职慈善家。

比尔及梅琳达·盖茨慈善基金会目前已成为世界上最大的慈善基金会，其规模是美国著名的"洛克菲勒基金会"的 10 倍、"福特基金会"的 3 倍。为了让自己的捐款能够真正使穷人受益，盖茨夫妇都会认真计算基金会的每一笔投资。

他们的慈善基金会资助的对象主要有四大领域：

第一，改善全球健康状况。着手研究艾滋病、肺结核、疟疾、癌症等疾病的治疗途径，尤其是向非洲、亚洲等发展中国家大力捐资。

第二，加大教育投资。创建更多的面向低收入阶层子弟的中学，并减少因经济问题而上不起大学的现象。

第三，促进信息业的发展。尤其是着力扩大互联网的普及，让所有的人，不分种族、性别、年龄或贫富，都能拥有获得信息技术的途径。

第四，改善美国太平洋西北地区的现状。那里是盖茨的老家，自然要得到特别关照，基金会会向当地社区和贫困家庭提供多种形式的捐助。

比尔·盖茨表示，他将把慈善活动的第一站定为中国。盖茨认为，中国是个有趣的国家，它一方面接受其他国家的援助，另一方面它也援助其他更为贫穷的国家。他们有能力这么做，他们的经济已经改善了很多，他们能够为帮助更贫穷的国家出一份力。

中国的烟民也很多。盖茨慈善基金会打算推出一项新计划，帮助中国人戒烟。盖茨说："了解中国戒烟行动的力度将是一个非常有趣的事情。在采取戒烟举措前，美国的财富水平相对来说更高一些。我相信，中国有机会也有能力和美国一样做好这件事情。"

据统计，中国乙肝携带者大约占总人口的 10%。对于中国的乙型肝炎疫苗接种，盖茨慈善基金会也将同样伸出援助之手。

比尔及梅琳达·盖茨慈善基金会还在北京开设了一个办事处，开始着力解决中国的艾滋病问题，盖茨表示，基金会在这个计划上与中国卫健委有密切合作。

除了中国外，近些年来，比尔·盖茨夫妇还一直对贫困落后国家的医疗卫生情况格外关心，他们已经主动为世界健康组织捐款几十亿美元。不仅如此，比尔·盖茨与夫人梅琳达·盖茨还走入非洲，到多家医院进行参观访问，与医护人员及艾滋病、癌症、疟疾等重症患者进行亲切交谈。

在农业方面，盖茨慈善基金会将启动一些相关计划，将中国的农业技术引入非洲，帮助非洲提高当地的农作物产量。全球两大水稻研究中心分别在菲律宾和中国，盖茨慈善基金会正与亚洲水稻研究人员合作，并将其工作重点放在非洲对更多的水稻品种的需要上。

盖茨说："有些情况下，他们只是与我们合作，任何活动都不需要我们提供资金。也有另外一些情况，我们会提供资助，以便他们把关注的焦点放在非洲暴露出来的一些问题上。"

当盖茨夫妇到津巴布韦考察资助项目时，他们还特意出资请几十名记者、摄影师随行。媒体的报道果然引起相关政府对这一问题的关注。据悉，在盖茨宣布捐资帮助非洲防治疟疾后，一些欧洲国家政府随即响应，决定参与投资非洲疟疾防治项目。

盖茨重申，在有生之年，他们会将更多的钱捐助给社会，非洲几百万人口也将由此受益。

现在，盖茨夫妇已经取得了巨大成就，非洲国家儿童各种疫苗接种率有了大幅度提高。在一些国家，每个儿童疫苗接种费用从以前不足 1 美元增加到现在的 10 美元。据估计，这些疫苗挽救了大约 30 万个生命，在未来 10 年内其拯救的生命将达到几百万人。

除了投资研发疫苗外，盖茨夫妇还专门拨出资金，救助那些无家可归的艾滋病患者以及贫困地区的儿童和青年人。梅琳达表示，他们会开展一些援助项目，除了在经济上援助一些贫困的艾滋病患者外，他们还会教青年人如何谋生，培训他们如何做导游，让他们认识艾滋病的危害并给他们讲解传染性疾病的防治方法。其中，"青年自立计划"就已经使无数年轻人受益。

盖茨夫妇表示，虽然他们已经投入了大量资金，但是这些钱并不能解决所有社会问题。他们最大的希望就是贫困地区那些被疾病困扰的人们能够长久地从他们的捐助中受益。

有人认为，比尔·盖茨之所以大笔捐钱，是为了改善近年来因打官司而受损的公众形象。也有人认为，他们这样做只不过是为了逃避政府的高额财产税。但是比尔·盖茨表示，热心慈善事业原本是源于父母的影响。他的父母就经常志愿参加一些平民事务组织，做义务工作，并积极为西雅图的慈善机构筹措资金。正是父母的这些举动，对比尔·盖茨的人生产生了深远的影响。而比尔·盖茨的举动，必将对世界产生重大的影响。

比尔·盖茨的家

第一个家

比尔·盖茨对他的母亲一直充满了深深的挚爱，而母亲玛丽·盖茨对自己的儿子更是关怀备至，舐犊情深。

玛丽·盖茨既为儿子感到骄傲，又常常替他担心，她总是希望比尔·盖茨能待在她的身边。

她经常关注儿子的各种事情，有时候一天之内竟几次打去电话，而且还不时给儿子写信——大多数情况下是用明信片。

比尔·盖茨总是仔细阅读母亲的信件，读完之后便小心翼翼地把信纸锁在抽屉里。有一次，比尔·盖茨收到母亲的信时，刚好被一位职员看到，这位职员异常诧异地感叹道："我觉得这简直不可思议！她母亲刚刚才同他通过话啊！"

由于比尔·盖茨一直住在租用的公寓里，1983年，玛丽特地在离他原来的住处只有一英里的地方为他买了一套房子。

这套花费近100万美元买来的房子，共有3间卧室。它位于风光秀丽的华盛顿湖滨，这算是比尔·盖茨的第一个家。

有不少人会以为，比尔·盖茨这个住所应当是极其豪华和现代化的。其实，这个地方真正豪华的住宅比比皆是，而他这幢住房，充其量只能算是个中等偏下。

这套房子附带有一个不算大的游泳池。从房屋的后面，可以远眺华盛顿大学，甚至可以看到更远处的雷尼尔火山。

房子里的室内设施是完全按比尔·盖茨的设想来布置的。人们会惊奇地发现，整个房子内竟没有一台电视机，基本生活用品也少得可怜。而在屋子中间，却异常醒目地摆着一台电脑，比尔·盖茨在家里的时候，几乎把所有时间都花在摆弄这台电脑上。

比尔·盖茨在自己的工作台上方，贴了一张巨大的世界地图，只要抬眼一看，全世界都可尽收眼底。甚至在他的车库墙上，也贴了一张详尽的非洲地图。

对这些做法，他解释说，在他的心灵中，尚有许多"未被使用的波段"，只要他的眼睛扫过这些地图，这些波段就可以使用起来。

比尔·盖茨每天去上班都比较晚，尽管他这个住所离他的办公室仅仅有十来分钟的车程。不过一到了工作岗位，他就会近乎疯狂地投入到工作中去，他几乎每天都干到半夜才回家。

一回到家，他不是立马休息，而是至少花上两个小时来处理各种电子邮件。他家里的这台计算机和公司的计算机联网，他母亲也进入了这个电子信箱系统，无论什么时候，玛丽都可以给儿子发邮件。

母亲的赠予，使比尔·盖茨第一次有了自己的家。

直至1988年，比尔·盖茨都住在母亲购买的这套房子里。

1988 年之后，比尔·盖茨才自己花费 400 万美元，购置了 30 英亩土地，另外还有 400 多英尺湖岸，为自己营造新的住所。

这块土地位于一座小山之上，为了避免招致邻居们的反感，他让房屋的绝大部分都低于山脊，这样一来，从湖面方向看去，这座房子便和邻居们的房子不相上下，没有显现出鹤立鸡群、高高在上的气势。

这套建筑设计得相当宽敞和舒适，除了有足够的居室外，还有许多办公室，一个可容纳百人的会议室，一间有 20 个座位的电影放映室，一个电脑中心，一个可停 20 多辆汽车的地下车库，一个 60 英尺长的游泳池。此外，还有绷床练习室和游艺室等。

客厅的大墙上安置了高分辨率电视屏幕，这样便可以从计算机储存的数据库中任意调看图像、美术作品及摄影作品。如果不播放任何内容，屏幕上就呈现出宏伟壮丽的珠穆朗玛峰的景色，以显示主人高远的胸怀。整套系统把音响、彩视和计算机融合在一起，使用方便而又不失气派。而该系统仅由一只遥控器来控制。

比尔·盖茨表示，他所修建的不仅仅是一个家，还是一个计算机技术讨论中心，他要在这里展示家用电脑的最佳水准。而家里的设施也一直没有脱离这一宗旨。

在许多人眼中，美国人的豪华别墅总是极其铺张和奢侈的。但比尔·盖茨这一套住所绝非如欧洲庄园那样宽敞，也远远不是那种最豪华、最壮观的建筑。相反，它严格遵循了节俭实用的原则，体现了多功能、多用途，有利于工作和方便生活的特点。

比尔·盖茨说过这样的话："我想尽量在这座房子里预见近期

的未来。我房子的设计和建筑都有点领先于时代，但也许它预示着家庭未来的情况。……我希望我的房子与周围环境和将要住进去的人的需要相和谐。尽管我想让它从建筑角度上吸引人，但我更希望它舒适。它将是我和家人的住所。房子是一个亲密伴侣，或用 20 世纪伟大建筑家勒·考布什尔的话来说，是'为了居住的机器'。……我的房子用木材、玻璃、水泥、石头建成……我的房子也是由硅片和软件建成的。硅片微处理器和内存条的安装以及使它们起作用的软件，使这房子接近于信息高速公路在几年内将会进入数百万家庭的那些特征。

我要采用的技术现在是试验性的，但过一段时间我正在干的部分事情就会被广为接受，并且成本也会降低……

我想要手工艺品，但不要任何浮华的饰物。我想要一所能容纳不断变化的尖端技术的房子，但其风格应是平易近人的，应当毫不含糊地显示出技术只是仆从而非主人。"

可见，比尔·盖茨对自己房子有着怎样的期望。

"未来"之屋

当比尔·盖茨和梅琳达结婚后，在 1994 年至 2003 年几年间，为了能过不受外界干扰的生活，盖茨夫妇通过经纪人购买了西雅图郊外的 11 处房产，包括自家别墅附近的 9 栋房屋。根据有关比尔·盖茨的资产统计数字，他在过去 10 年中共花费约 1440 万美元把整条街据为己有。这使得他们坐落在西雅图市郊的华盛顿湖边的住所，看起来和一个小村庄没什么两样。

他们这样做的目的是为了保护家庭隐私，隐私对这样的家庭来说至关重要，他们购买的房屋为一家人营造出了一个缓冲空间。

在中国前国家主席胡锦涛去访问美国之时，美国当地媒体对胡锦涛此次访美这样报道："胡主席的第一顿豪华宴会不是在白宫，而是在全球首富的家里。不是在华盛顿特区，而是在西雅图。"也正是这段报道，让人们再次把目光投向比尔·盖茨价值1亿美元的湖畔别墅"未来之屋"。

盖茨夫妇的新闻发言人介绍，其实他们的生活很俭朴，而唯一可称得上奢华的就是他们的豪宅。盖茨夫妇用7年时间建成了"未来之屋"，整座宅第大约占地66000平方英尺。据说，总计花费达9700万美金，这些钱足以买下一家国内中小型上市公司。"大"仅是这座豪宅的特色之一，真正令人赞叹的，是这座豪宅的"人工智能"。它可谓是全球顶尖科技豪宅，在那里，所有未来可能的数字家庭生活模式，一应俱全。

这所庞大的建筑由几个大的楼阁组成，下有通道连接，并装上了暗道机关。

通常，盖茨会安排访客以乘船渡湖的方式进入房内。如果盖茨感觉来访者很累，他就会拿起手机拨号，接通豪宅内的中央电脑，用数字按键与电脑沟通，让电脑对卫浴系统下达指令，将浴盆的水调到合适的水位和最合适的温度。

不只是放满洗澡水，就连开启空调、基本的烹煮等事情，都能通过手机通信，远距离交代宅内电脑精确完成。

在进入豪宅之前，盖茨会要求客人别上事先准备好的专属电子胸针，这是所有访客体验这座科技豪宅人工智能的必要配备。

这根别针把客人同房子里的各种电子服务接通，凭借这根别针，房子会知道客人是谁、客人在哪儿，房子将利用这一信息尽量满足甚至预见客人的需求，人与豪宅之间也即将展开一连串的惊奇互动。

当客人走进大厅，首先，空调系统会自动将室温调整至最感舒适的温度，音响系统也会针对个人喜好播放音乐，客人走到哪里，音乐就会跟随到哪里。要知道，音乐只有客人能听到，其他房间里的人是听不到的。电影或新闻也能跟着客人在房子里移动，如果客人接到一个电话，只有离客人最近的话机才会响。灯光系统同时会投其所好地增减明暗亮度，当客人走进和离开房间时，灯光会自动点亮和熄灭。甚至，墙上的 LCD 荧幕，也会自动显示客人喜欢的名画或影片，而这一切的环境变化都是完全自动的，不需要客人或豪宅主人盖茨拿起遥控器来一一设定。且不只是大厅，无论是客房、餐厅、健身室还是图书馆，内部空间都仿佛是为来这里的客人"量身打造"的一般，能随时依客人的喜好而转变。

这套房子还有一个很重点的部分是古董。据说，比尔·盖茨是为了装饰这套房子，才开始迷恋上古董的。

1994 年，比尔·盖茨第一次在艺术品市场亮相，就让世界震惊，他当时以 3080 万美元从佳士得拍下了意大利艺术大师达·芬奇写于 15 世纪的一份具有预言性质的科学理论手稿。

1996 年 12 月，盖茨再次以 700 万美元从苏富比拍卖行买下油画《远雷》，这是美国一流现代画家安德鲁·维斯在 1961 年完成的作品。而前一年 6 月，苏富比拍卖行所创下的维斯作品的拍卖纪录只有 170 万美元。

2000 年 5 月初，盖茨花费了 3000 万美元把美国画家温斯洛·霍默的《迷失在岸滩》纳入自己的收藏。而此画被认为是美国 19 世纪最好的绘画作品。

比尔·盖茨精心搜集了许多世界上最好的绘画作品，并把自己热爱的绘画作品按喜欢的风格挂在了四壁上，无法在墙上展示的艺术品则通过高清晰度大屏幕电视机显示。

盖茨的私人图书馆共有 3 个房间，里面收藏了许多价值连城的图书，并收集了大量的珍贵原稿，其中包括一份非常有名的拿破仑手稿。

作为全球首富的比尔·盖茨，当然想买什么就能买到什么。佳士得拍卖行一位经理毫不掩饰对比尔·盖茨的欢迎程度，他表示："对我们来说，盖茨是一位非常非常重要的人。"

为了引导微软公司的大亨们走进艺术世界，在 1996 年，苏富比还在西雅图开设了办事处，并为银行家、律师和投资管理人举行了一次模拟拍卖会，目的显而易见。

盖茨被微软的员工们形容为一个幻想家，房子内部细微的设计也体现了他的想象力与创造力，他说："虽然房子的设计和建筑都有点领先于时代，但也许它预示着家庭的未来。"在比尔·盖茨的床边有一个木制的矮柜，柜中隐藏了一个扁平的 40 英寸屏幕，只要比尔·盖茨按一个键，屏幕就会从矮柜中自动升起，盖茨夫妇就能观赏电影或是收看新闻，或者是欣赏他们全家人的照片。若是按另外一个键，屏幕就会自动收回去，设计得非常完美而没有任何的缺憾。

比尔·盖茨的工作室与客厅连为一体，内设 12 英寸的视频显示器和大壁炉。这个大型接待室可以让比尔·盖茨毫无顾忌地邀请他的朋友，举办可以接待 200 人的鸡尾酒会或商务会议。

然而这些都还不算它的特别之处，让人更为称奇的是，客厅的背景竟然是一个水族宫。水族宫里游弋的海洋生物除海豚、鲨鱼外，还有一条鲸鲨。鲸鲨是一种稀有的濒临绝种的海洋生物，据知情者透露，盖茨养鲸鲨并不是为了炫耀财力，而是对海洋生物进行系统观察和研究。

在这座豪宅里，还有一个装有 20 个长绒毛椅的家庭剧院，那里是一处非常舒适的休闲场所，人们可以在那里一边观看宽大的 HDTV 屏，一边尽情享用刚加工好的松脆的爆米花。

比尔·盖茨还为自己设计了独具特色的游泳馆。身处其中，你可以在水下音乐系统支持的美妙背景音乐中尽情遨游，享受融于自然的乐趣。

比尔·盖茨最喜欢家里车道旁边一棵树龄达 140 岁的老枫树。为了很好地保护这棵树，他通过专门的监视系统对其进行 24 小时的全方位监控，一旦监视系统发现它有缺水的迹象，就会释放适量的水来为它解渴。

比尔·盖茨在保护自己方面，更是将聪明才智发挥到了极致。他的房子铺有 52 英里电缆，将房内的所有电气设备连接成一个绝对标准的家庭网络。整个建筑根据不同的功能分为 12 个区，通道出入口处都装有电脑，每当来访者通过出入口时，系统就会显示其个人信息，甚至包括他的指纹。这些信息会被作为来访资料储存到电脑中。

比尔·盖茨的想象力和创造力是有目共睹的，他领导的那些网络精英们当然也不是省油的灯，他们对比尔·盖茨的豪宅毫无顾忌地发挥了他们的想象力。例如：

1．马桶冲水以前会发出询问："马桶冲水会造成大便无法回收，您确定要冲马桶吗？"

2．微波炉和烤箱在快要完成操作之前会突然跳开，面板显示如下文字：系统发生无法回复的错误，您要再试一遍吗？

3．淋浴的时候，热水器会自动进入省电模式，需要甩两下莲蓬头才会恢复供应热水。

4．如果把窗户全部打开，房子会突然停电，并且发出"系统资源不足，请您关闭一些窗口"的提示。

5．所有新买的家具必须是与 Microsoft 的软件相互兼容的产品，否则会导致冰箱内物品遗失或面包机烤焦面包等问题，严重时会造成房子倒塌。

这只是善意的、想象力十足的笑话，但在笑话背后，我们不得不惊讶于比尔·盖茨的"梦幻豪宅"。

与中国结缘

20世纪90年代初，经过多年努力，微软公司已在一些主要国家站稳了脚跟，在意大利、澳大利亚、墨西哥、加拿大、荷兰和瑞典都设立了分部。这时候的比尔·盖茨又把目光投向了拥有世界五分之一人口的中国。

在中国，计算机市场有了急速的发展，MS-DOS操作系统以及视窗1.0至3.0版本均在中国大为畅销，中国的计算机几乎都离不开微软软件系统的支持。

为了进一步了解中国的计算机市场，促进中国计算机市场的发展，比尔·盖茨决定访华。

1994年3月21日晚，比尔·盖茨以休假旅游的名义来到中国。不过业内人士个个都看得很清楚，他是到中国考察电脑行情来了。

他这次来中国轻车简从，除翻译人员之外，没有带任何随行人员。尽管这时候的他已经是赫赫有名的美国首富，但他却丝毫不看重甚至讨厌那种前呼后拥的气派。他在国内乘机旅行也往往只坐普通舱，经常是在被空姐发现后，才被请进头等舱。

虽说比尔·盖茨低调出行，但他毕竟是世界上最大的软件公司的总裁，当他抵达北京时，他的一举一动还是吸引了人们关注的目光，在中国电脑界引起了巨大的反响。

3月22日一早，他去中科院参观，在参观了语言识别系统后，他发现中国软件工程具有极大的潜力，连声称赞不已，说远远没有看够，并希望更深入地了解中国同行的工作。

第二天，比尔·盖茨在北京香格里拉饭店举行专题演讲，题目是《90年代微机工业展望》，来自全国各地的1000多名电脑工作者出席聆听。比尔·盖茨的演讲有许多独到之处，给中国电脑界同行带来不少新的信息。他的演讲和演示，博得了大家阵阵掌声和喝彩。

比尔·盖茨此行最引人注目的举动，当然是3月23日拜会时任国家主席江泽民。江泽民主席饶有兴味地同比尔·盖茨进行了热情恳切的交谈。江主席说，中国十分重视信息产业的发展，中国已经制定并实施了一系列推进国民经济信息化建设的重大工程。他特别强调说，中国欢迎微软公司和中国加强互利合作关系。比尔·盖茨除了表达他对中国的美好印象之外，还一口承诺，要"尽力帮助中国发展软件工业"。

而使比尔·盖茨进一步增强信心的，是他对中国现状所作的客观分析。他预料，不久之后，中国将成为全球最大的电脑市场之一。

1994年12月8日，微软同中国电子工业部签署了一份合作备忘录，双方达成了共同开发视窗95中文版的意向，这在世界上引起了不小的轰动。这也标志着微软要抢占中文软件这个巨大的前途无量的市场。

次年，微软公司一位负责远东地区的副总裁欣喜地介绍说，经过一番努力，微软公司目前已与中国23家公司开展合作，而且已经售出大批具备运行系统、文字处理及通讯功能的中文软件。

微软公司以它巨大的市场开拓能力，在中国步步为营，与中国的开发商、销售商开展广泛的合作。这实在是一件很有远见的举措，不仅使中国而且也使世界其他电脑厂商大为感叹。

…………

当比尔·盖茨第9次来到中国的时候，他已不再是微软公司的总裁，摇身一变成为一位最伟大的慈善家，并给中国政府送来了一份大礼：他代表微软和教育部启动"携手助学"计划，在中国中西部地区建设100间计算机教室。根据双方协议，在教育部的指导下，微软将在5年内投入1000万美元，用于支持中国的基础教育和师范教育。该项目将首先从中国农村中小学现代远程教育、师资培训与技能培养等具体方面展开合作。

比尔·盖茨和中国的缘分还在继续……

附录
“高端访问”：对话比尔·盖茨

主持人：关于您的新老角色的交替，给我们讲一讲不同之处吧，从微软主席到比尔及梅琳达慈善基金会主席，不同之处是什么？这可是两个不同帝国的统治者，这对您来说有什么不同之处吗？

盖茨：从去年七月份起，我从一个全职的微软员工转变为了一个全职的比尔及梅琳达·盖茨慈善基金会的员工。我不知道这将会是一个什么样的工作，但我要说，我发现我从事的每一项工作都令我非常投入和兴奋。这个工作让我和伟大的科学家们共事，策划出能给世界带来巨大变化的项目，这一点和我在微软的工作有很多相似之处。我虽然还兼任微软的主席，但是我新参与的卫生方面的工作，无论是防疫艾滋病、疟疾还是结核病，让我忙碌于世界各地，我发现改变现状的机会很大，所以我是世界上为数不多的能拥有两份难得的好工作的人。

　　主持人：我想知道，您的办公室设在哪里？微软还是比尔及梅琳达慈善基金会？

　　盖茨：我80%的时间都会用在比尔及梅琳达·盖茨慈善基金会的工作上，所以我的大多数会议都是在那里召开的。而且我会经常出国，我不久前来到中国观看了奥运会，那是一届伟大的奥运会。我还去了其他地方，关注当地的农业和防治结核病的工作，所以说我的这个工作让我忙碌于世界各地。

　　主持人：我今天早上来这里准备采访的时候，您在中国的同事给我看了一封信，这是一封公开信，（盖茨：是的，在基金会的网站上有这封信）我注意到您提出了一些非常有趣的观点，您说道："我的许多朋友担心基金会的工作不会像在微软是那样吸引我、让我感到充实。"您提到了基金会的三个珍贵的方面，我认为这三点颇具说服力，其中的一点是，您提到您喜欢与智者合作，我相信，这是激励您的一个因素。

　　盖茨：是的，科学家们致力于研究新型疫苗，他们在发掘如何治愈疾病的奥秘，他们和微软公司里那些有着令人惊叹的智慧和积极投入精神的员工是同一类型的人，我要和他们合作，给予他们支持，有机地把他们组织起来，共同合作，帮助他们面对和克服挫折，让他们坚持到底，这样的领导能力也是让微软取得成功的秘诀。

　　主持人：您还提到了另外一点，在基金会工作的一个额外的好处就是可以与梅琳达共事。

盖茨：是的，我的妻子非常积极地参与到这些事情当中。（主持人：您是一位非常有家庭观念的好男人）是的，她对这份工作充满热情，我们一起去了很多地方，也分别去了一些地方，然后彼此分享我们的所见和所感。能够和她一起共事，我感到非常愉快。

主持人：最初是谁出的主意，要建立这样一个基金会？

盖茨：我非常幸运能够拥有一个成功的微软公司，它为我创造了巨额的财富，问题是，我应该怎么花这些钱？是花在我自己身上，还是给我的孩子？我认为，用这些钱来让自己消费更多的公共资源，或者让我的孩子变成超级富豪，都不是最好的，与其这样，还不如回报给社会，让世界充分受益。当我的妻子和我看到这些疾病的时候，看到这些疾病正折磨着贫穷的人们，且无人问津的时候，比方说，疟疾、艾滋病、结核病，还有很多疾病，我们决定，将一部分的工作精力放到与这些疾病做斗争上。投资新型疫苗，让人们得到更好的治疗，所以基金会关注的最重要的事情就是全球健康项目，从而拯救更多的生命。我认为这将会改善全世界，当然我们做得还不够。我们的工作已经开展了 10 年的时间了，我们也取得了很多的成功。

主持人：这也是为什么当您在 2007 年来到中国的时候，那个时候我们在博鳌论坛对您进行了访问。那个时候，您的第一站是去了预防艾滋病研究中心，而不是去清华大学接受荣誉博士学位，也不是去海南参加博鳌论坛，这才是您真正关心的事情。我的理解正确吗?

盖茨:是的,艾滋病危机非常严重,得了艾滋病是一个很可怕的经历,同时还要遭受世俗的偏见,得不到很好的治疗,他们甚至会拒绝治疗,而且会受到周边人恶劣的对待,所以走近这些人,帮助他们是非常重要的。我们很高兴地看到很多国家采取了很好的方法,看到中国的进步,看到中国做出了更多的工作。我也希望看到我们基金会在中国的项目能够取得进展,通过和参与这个项目的人进行交流,让我学到了很多东西。比方说,我们是否把钱投到了正确的地方;要想帮助贫困人口,该如何改进我们的工作。

主持人:基金会的另外一个特点就是低调,不仅仅是基金会在中国设立的办公室很不起眼,基金会在西雅图的总部大楼也是如此,据我所知,只不过是一个3层的小楼。你们会修新的大楼吗?

盖茨:我们正在建立一个新的总部,我希望它不要太高调。新总部将设立一个访客中心,以为对基金会充满好奇心的人提供信息,让更多的人知道世界上还有很多疾病。尽管世界上有美国这样富有的国家,但是人们总是记不住还有正在遭受疟疾折磨的人们,而这种病在很久以前就在美国绝迹了。我们要让人们看到这些,以号召更多的人为此项事业努力。

主持人:这就是您的目的,也是您的风格。我对慈善机构的运转一无所知,当我阅读一些资料的时候,我发现你们不直接向个人提供捐款，你们会和一些合作伙伴合作或者是做出投资。请您告诉我们，基金会是如何运作的？

盖茨：我们选择了几个领域去关注。全球健康是最大的一个关注点，我们会聘请专家，研究结核病、疟疾、艾滋病，关于这一领域，我们会考虑，这是一种什么样的科学；新型疫苗，新型药物，更好的临床应用，怎么做可以帮助那些患有这些疾病的人们。我们会选择一些这方面的研究机构和普及机构作为我们的捐助对象，我们对他们进行评估，看他们是否能在未来起到有效的作用。我们还关注农业，因为对贫困人群来说，能够增产增收是最重要的事情。中国越来越富有了，农业创新对中国来说是非常重要的。中国拥有一套自己的专业技术，比方说，如何种植水稻，如何管理农业系统，我们希望我们可以将这些专业技术应用到非洲，帮助那里的人们。所以我们投入资金，选拔优秀的人才，并制订出长远的计划，比方说，新型艾滋病疫苗，要研制出来还需要 15 年的时间。我们每年都在进步，这是非常重要的。有的时候，有些政府，至少是美国政府，在这些问题上，他们的眼光不够长远，所以我们和他们合作，不断提起他们对人类健康的关注，让他们在全球健康问题上更加慷慨解囊，不仅仅是我们基金会的资金，我们要让那些富有的国家，尤其是让美国提供更多的资金。

主持人：您的基金会与众不同的一点就是，您的基金会是以投资的眼光来看待慈善事业，这就意味着基金会不仅仅是捐赠，还会注重投资，为什么？因为，我的理解是，传统意义的慈善基金会只是单纯的捐款。

盖茨：问题在于你的衡量标准是什么，你是根据你捐赠资金的数额来衡量，还是根据资金所起到的效果来衡量。对于我们的基金会，我们选择做一件事情就会深度地投入，我们会看我们挽救了多少生命，是否成功地消除了小儿麻痹症，目前在这方面，我们投入了大量的精力。所以，挽救生命是一个更加重要的衡量标准，它可以让我们更加明智地作出决策。比方说，我们应该如何利用这些资金，我们的创新是否有价值，因为金钱只是工具，真正的目标是一种道德意义上的目标，那就是以平等的方式对待每一个生命，不仅仅是富人才有得到医疗保障的机会，世界上的每个人都有平等的机会。

主持人：这意味着目标与如何管理基金会之间的不同之处，请您告诉我们，管理基金会和管理微软的不同之处是什么？是很大的不同吗？

盖茨：微软是一家规模巨大的公司，基金会的规模要小一些，这是一点不同之处。但是我认为，在此之外，它们有很多共同的地方，我要忙碌于世界各地，和合作伙伴一起工作，我要表现出乐观的态度，以吸引更多的人参与进来，实现可能实现的目标。实际上，不管是在中国还是在其他国家，我都有自己的目标，我希望那些成功的人们可以看到慈善事业是可以得到回报的；我希望他们利用他们自己的才能，参与慈善，这样他们也可以同样幸运地从中获得巨大的财富；我希望他们也能回报社会，也许他们会选择和我们不同的方式来回报社会，但是，我们最根本的理念就是帮助最需要帮助的人。

主持人：我想知道，您如何看待这次金融危机？这次金融危机对您的基金会以及其运转产生了多大的影响？

盖茨：金融危机促使每个国家着眼于它的政策，每个国家要考虑如何刺激本国经济，以及如何避免在未来出现同样的问题。而我所关心的是，我们要继续关注那些最贫穷的地区，不管是哪个国家最贫穷的地区，为了它们的利益，我们需要更加慷慨和更多的创新，我们不会因为我们正经历艰难的时期就停止这样做。因为，在艰难的时期里，损失最严重的是最贫穷的地区。所以尽管根据有些机构的评估，我们基金会的投资资产缩水了20%，但事实上，我们今年将会投资更多的资金，好的例子就是，在我们的这次中国之行当中，我们宣布为中国防治结核病提供资助。

主持人：据我所知，基金会的最重要目标是医疗、教育、减少贫穷。我的理解是，随着金融危机的加剧，基金会的担子更重了，是这样吗？

盖茨：是的，我们一直努力让富有的国家继续慷慨解囊。别忘了，科学是站在我们这一边的，我们不断寻找到能开发出新疫苗的科学家们，找到能研制出更好药物的专家，这样能够让贫困的人们在有限的时间内摆脱疾病。比如，小儿麻痹症方面，我们也许只要几年的时间就可以控制住它，它将成为第二个被彻底灭绝的疾病。疟疾方面，这方面的负担也减轻了很多。艾滋病方面，我们在为更多的艾滋病患者提供医疗上的救助。中国就是一个很好的例子，在过去的30年里，中国人民的健康状况得到了大幅的改善。当然还有很多工作要做，政府要提倡医疗制度的改革，要投入更多的资金，还有许多难关需要攻克，比如，防治结核病、控烟，所以说还有很多工作要做，但是进展是显著的。

主持人：您的这次中国之行只有一天，您要实现的最重要的目标是什么？

盖茨：在北京有一个非常重要的会议，关注结核病。每年都会有200万人死于这种疾病，让人非常恐惧的是，更难以治愈的一种叫作耐多药的结核病越来越普遍了。中国结核病的发病率占全世界结核病发病率的15%，耐多药结核病发病率占据的比率更高。在过去的几年当中，我们和中国政府进行了对话，共同商讨如何改变这种现状。我们成了合作伙伴，我们今天签署了合作备忘录，基金会将向中国政府提供3300万美元，我们要共同研究新的治疗方法、新药物以及大幅度减少结核病发病的新方法。现在面临的一个很大的问题是，时间长了，人们会停药，我们会利用移动通信提醒人们按时服药，我们也会提醒人们逐渐减少服药的数量，从一天13粒减少到3至4粒，这会帮助人们遵从医嘱。中国将站在前沿，向全世界证明，一个更好的、更新的方法将会降低结核病的死亡率。

主持人：我注意到，在提到这种合作的时候，您用了"合作伙伴"一词，为什么？

盖茨：中国非常关注改善人民生活。之前我们和中国政府共同开启了一些项目，大范围推广乙肝疫苗的使用，取得了很大的成功，这将会减少肝病的发病率。我们在艾滋病方面也开启了合作项目，这个项目涉及许多艾滋病感染区域，在那里，我们与患者进行交流，改变他们的行为方式，监测感染情况。这个项目还在进行中，我们还有很多工作需要做，因为尽管现在的艾滋病的比率比较低，但是存在上升的趋势。由于我们与中国政府在很多项目上的合作都取得了成功，我们现在又增加了结核病合作项目，我们在农业上也有合作项目，所以我认为我们基金会和中国政府有着很多相同的目标。

主持人：基金会在中国专门设立了办公室，这几乎是基金会在海外的唯一一个分支机构，是吗？

盖茨：是的，我们认为我们在中国的角色非常特殊。因为通过与中国合作，不仅可以帮助中国本国的人民，比方说，艾滋病患者和结核病患者，我们还可以确保这里的专业技术，科学技术、农业技术可以运用到其他国家，特别是非洲。所以当我看到中国政府提出的计划，他们计划将更多的资金投资到科学领域，包括农业科学，我还看到了中国希望和非洲建立更强大的联系，我就看到了真正的机遇。因为我们在非洲开展了大量的工作，我们在中国做出的投资要确保产生最好的影响。所以说基金会在中国设立的办公室是一个特殊的办公室，那里有很多优秀的人才，他们可以帮助我们寻找政府当中最好的合作伙伴，帮助我们将我们的信息传递出去，不管是防疫结核病还是控制烟草，所有这些难题。

主持人：对于您的基金会，您有什么新的梦想吗？

盖茨：这个梦想也是一个很大胆的梦想，那就是我希望每个人都能得到平等的对待。我们不能因为没有赚钱的市场就去忽视那些患病的贫困人群，我们要看到还有那么多需要治愈的疾病，我们要将所有聪明的大脑和优秀的人才聚在一起，让他们去帮助那些需要帮助的人。在未来的 20 年里，我希望所有我提到的疾病都能彻底灭绝，人们能够平等地对待生命，消除偏见，让这个世界变得更加公平。

主持人：您如何预见这个漫长而艰难的征途？

盖茨：仅仅靠一个基金会的努力，要实现目标是不可能的，在所有要做的工作当中，我们仅仅能做到很少的一部分。那些富有的国家，包括美国、欧洲以及发展中国家的政府，他们要做更多的事情。他们要加快脚步，因为我们的资金只能实现很少的工作。全世界都承认，我们的工作确实取得了成功，当他们听到 300 万艾滋病患者都成功地接受了治疗的时候，他们意识到，这是一个花钱的好途径，全世界对于治疗疟疾和其他疾病提供的资金也越来越多了。现在的金融危机对我们来说也许是一种挫折，我们要确保我们的资产不会大幅缩水，因为需要帮助的人太多了。单靠我们自己的努力，之前提到的那些目标都实现不了。我们要和优秀的大学建立联系，要和伟大的思想家建立联系，要和贫穷的国家建立联系，以改善他们的社会体系。我们只是这项革命性事业中的一分子。对这项事业，我们感到非常乐观的原因之一是，全世界的健康状况确实已经得到了改善。在 20 世纪 60 年代，每年都会有 2000 万 5 岁以下的儿童死亡，现在减少到了 1000 万，尽管每年的出生率在增加，所以说这是一个巨大的改善。我们想做的是，在不到 20 年的时间里，将这个数字从 1000 万减到 500 万以下，当然我们希望这个数字减到 0。

（节选自 2009 年 4 月中央电视台"高端访问"：比尔·盖茨专访文字实录）